POÉSIES
DE
JACQUES TAHUREAU

TOME I

PREMIÈRES POÉSIES

PARIS
Cabinet du Bibliophile
M DCCC LXX

LE CABINET

DU

BIBLIOPHILE

PIÈCES RARES OU INÉDITES

ÉDITIONS ORIGINALES

Le Cabinet du Bibliophile se compose de pièces rares ou inédites, intéressantes pour l'étude de l'histoire, de la littérature et des mœurs du XVe au XVIIIe siècle. Il comprend aussi les éditions originales de ceux de nos grands écrivains dont le premier texte présente des différences notables avec le texte définitif. — Le double intérêt de rareté et de curiosité que présentent ces publications leur assigne une place dans le cabinet du bibliophile, dont elles forment la bibliothèque intime.

Le nombre de ces publications est illimité. Elles paraissent les unes après les autres, sans ordre, et à mesure qu'il s'en rencontre qui semblent dignes d'être reproduites. — *Chacune d'elles, indépendante de toutes les autres, peut être achetée séparément. Le seul lien qui existe entre elles est dans la pensée de former pour les bibliophiles une collection qui réponde à leurs goûts et à leurs besoins.*

CONDITIONS DE LA PUBLICATION

(*Impression.*) Les volumes sont imprimés sur très-beau papier vergé de Hollande, et recouverts en parchemin factice replié sur doubles gardes. Ils sont tirés le plus souvent à 300 exemplaires. Chaque publication porte, du reste, le chiffre exact et le détail du tirage, et tous les exemplaires sont numérotés.

(*Exemplaires de choix.*) Il est tiré également quelques exemplaires sur papier de Chine et sur papier Whatman. Ces exemplaires étant toujours les premiers vendus, les personnes qui voudront se les assurer devront nous les demander à l'avance.

(*Exemplaires sur vélin et sur parchemin.*) Les amateurs qui désireraient des exemplaires sur vélin ou sur parchemin sont priés de nous en prévenir. Ils trouvent toujours, sur un catalogue joint au dernier volume paru, l'indication des ouvrages en préparation, et peuvent ainsi nous envoyer leurs demandes avant que l'impression soit commencée.

(*Souscripteurs.*) Il est donné avis de la publication de chaque volume à toute personne qui en manifeste le désir. Les amateurs qui souscrivent à toute la collection reçoivent les volumes dès qu'ils paraissent.

(*Prix.*) Le prix des volumes varie ordinairement de 5 à 10 fr. pour les papiers vergés, et de 10 à 20 fr. pour les papiers Whatman et les papiers de Chine.

EN VENTE.

Le Premier Texte de La Bruyère (1688), publ. par D. Jouaust. 1 volume de 240 pages. . 10 fr.

Le Premier Texte de La Rochefoucauld (1665), publ. par F. de Marescot. 1 vol. de 152 pages. 7 50

La Chronique de Gargantua (s. d.), premier texte du roman de Rabelais, publ. par Paul Lacroix. 1 vol. de 104 pages . . . . 5 »

La Puce de Madame Desroches (1610), publ. par D. Jouaust. 1 vol. de 140 pages. (*Épuisé.*) 7 50

Amusements sérieux et comiques, de Dufresny (1705), publ. par D. Jouaust. (Idée première des *Lettres Persanes.*) 1 vol. de 124 pages. . . 6 »

Lettres Turques, de De Saint-Foix (1744), publ. par D. Jouaust. (Imitation des *Lettres Persanes.*) 1 volume de 116 pages. . . . . 6 »

Satires de Dulorens, édition de 1646, avec un *portrait authentique* de l'auteur. Publié par D. Jouaust. 1 volume de 258 pages . . . . 12 »

Poésies de Tahureau, publiées par Prosper Blanchemain. Tome Ier : *Premières poésies* (1554). 8 »

— Tome II : *Sonnets, Odes et Mignardises* (1554). . . . . 10 »

Maximes de Madame de Sablé (1678), publiées par D. Jouaust. . . . . 5 »

SOUS PRESSE :

Elégies de Jean Doublet, Dieppois (1559), publiées par P. Blanchemain. 1 vol.

Le Premier Amphitryon en français, par Eustache Deschamps, publié par le Mis Dequeux de Saint-Hilaire. 1 vol.

La Chronique de Pantagruel (s. d.), publiée par Paul Lacroix. 1 volume.

Les Marguerites de la Marguerite (1547), publ. par Félix Frank. 4 volumes.

EN PRÉPARATION :

Les Arrêts d'amour, de Martial de Paris, dit d'Auvergne, avec un choix de commentaires de Benoist de Cour, publiés par P.-L. Miot-Frochot. 1 volume.

Poésies de Courval - Sonnet, publiées par E. Courbet.

Les Satires de Vauquelin de la Fresnaye. 2 volumes.

La Farce de Pathelin, avec notice par Paul Lacroix. 1 volume.

Les Quatrains du sieur de Pibrac, publiés par F. de Marescot.

———

A LA LIBRAIRIE DES BIBLIOPHILES

RUE SAINT-HONORÉ, 338, A PARIS.

POÉSIES DE TAHUREAU

—

TOME I

PREMIÈRES POÉSIES

———

CABINET DU BIBLIOPHILE

Nº VIII

TIRAGE.

3 exemplaires sur parchemin (n°ˢ 1 à 3).
15 » sur papier de Chine (n°ˢ 4 à 18).
15 » sur papier Whatman (n°ˢ 19 à 33).
300 » sur papier vergé (n°ˢ 34 à 333).

333 exemplaires.

N°

POÉSIES

DE

JAQUES TAHUREAU

PUBLIÉES PAR

PROSPER BLANCHEMAIN

TOME I

PREMIÈRES POÉSIES

PARIS

LIBRAIRIE DES BIBLIOPHILES

RUE SAINT-HONORÉ, 338

M DCCC LXX

AU POËTE

DES EXQUISES DÉLICATESSES

AU CISELEUR DE LA PENSÉE

A THÉODORE DE BANVILLE

Cette édition est sympathiquement dédiée

PAR PROSPER BLANCHEMAIN

JAQUES TAHUREAU

1527—1555

Lettre à Théodore de Banville.

Cher Poëte,

Vous entourez d'un véritable culte les rimeurs de la Renaissance et, entre tous, le grand Ronsard. Vous avez même cadencé mainte fois vos vers sur des rhythmes pareils ou analogues à ceux qu'il *avait pris le soin,* comme le disait Maurice de Laporte, son éditeur, *de mesurer sur la lyre.* Voulez-vous me permettre de choisir et de vous présenter, parmi cette *Brigade* (la Pléiade n'était pas encore formée) qui se pressait sur les pas du brillant prince des poëtes français, l'un des plus gracieux et l'un des plus jeunes ?

Ne semble-t-il pas singulier d'appeler *jeune* un trépassé de trois siècles ? Il le faut bien pourtant ! C'est à vingt-huit ans que la mort a touché Jaques Tahureau. Tant qu'un souvenir restera de lui, les siècles auront beau couler, toujours il conservera sa jeunesse et l'auréole de ses vingt-huit ans.

Parmi ces aimables génies qui s'épanouirent au XVIe siècle, il n'est pas l'un des moins attrayants. Ses vers n'ont reçu d'autre inspiration que celle de l'Amour et des Muses légères ; mais dans sa veine juvénile on sent bouillonner cette ardeur passionnée, cette puberté naïve, cette exubérance de sève, qui nous ravissent en ce printemps des arts et des lettres qu'on a si bien nommé LA RENAISSANCE, qu'on eût mieux appelé peut-être *le Renouveau*, si l'on eût voulu parler le langage de ce temps-là.

Tahureau me fait songer à ces arbres qui périssent pour s'être parés d'une trop grande foison de fleurs, et laissent le regret des fruits qu'ils auraient pu donner. Sa poésie est douce, gracieuse, facile et brillante. On dirait qu'il a prodigué son âme dans cette floraison, comme s'il avait pressenti que le hâle brûlant de juin devait dessécher toutes les promesses de son avril.

C'est pour sa Muse éphémère que Jean de la

Taille, son contemporain, aurait dû réserver cette strophe ravissante, consacrée à une pauvre fille dont la jeunesse se fane sans amours :

> Elle est comme la rose franche
> Qu'un jeune pasteur, par oubli,
> Laisse flétrir dessus la branche,
> Sans se parer d'elle au dimanche,
> Sans jouir du bouton cueilli.

Jaques Tahureau, écuyer, sieur de la Chevallerie, fils puîné de Jaques Tahureau, lieutenant-général du Maine, naquit au Mans en 1527. Il avait pour trisaïeule Anne Du Guesclin, sœur du Connétable, laquelle avait épousé un Tahureau. Gentilshommes originaires de Bretagne, les Tahureau portaient d'argent, à trois hures de sanglier de sable posées deux et une. — La mère du poëte, Marie Tiercelin, était de cette famille des Tiercelin de la Roche du Maine, en Poitou, illustre dans les armes et alliée aux plus nobles maisons tourangelles et poitevines.

Aujourd'hui la naissance a perdu beaucoup de ses priviléges; mais à une époque où Bernard de Palissy adoptait cette décourageante devise : *Povreté empesche les bons espritz de parvenir!* pour avoir le droit d'écrire, il fallait être riche et gentilhomme.

Jaques fut envoyé par ses parents à l'Université

d'Angers. Après de solides études comme on en faisait alors, il suivit en Italie, où l'on guerroyait de plus belle, son frère aîné Pierre, qui avait embrassé la carrière des armes. Vraisemblablement ils servirent l'un et l'autre sous les ordres de leur oncle, le vaillant capitaine Tiercelin, seigneur de la Roche du Maine. Malgré sa prestance guerrière et son aptitude à tous les exercices du corps, Jaques se lassa bientôt de porter la cuirasse et l'épée. Son expédition militaire devint un voyage d'artiste où les souvenirs de l'antiquité réveillèrent à la fois ses goûts littéraires et ses instincts poétiques. Les chefs-d'œuvre du siècle de Léon X brillaient dans tout leur éclat; les Médicis, au comble de la fortune et de la gloire, venaient de donner une dauphine à la France. Il *s'italianisa* comme la cour de François Ier; il apprit à parler cette douce langue, où résonne le sı, qui se mêlait alors à la nôtre pour en adoucir la vieille âpreté.

A Rome il trouva une véritable colonie de Français et, qui plus est, de poëtes. Joachim du Bellay, neveu et secrétaire du cardinal du Bellay, allié à la famille maternelle de Tahureau, y écrivait ses *Regrets* et ses *Antiquités de Rome;* Olivier de Magny y rêvait à sa Castianire absente. — La vocation du poëte était désormais décidée. Aussi, de retour en France, sous les auspices de sa tante, Catherine Tiercelin, qui avait épousé le frère aîné de Pierre de Ronsard, il alla se présenter à cet illustre parent, qui l'accueillit comme un fils en Apollon et le nomma dans ses vers.

On trouve à chaque page, dans les poésies de Tahureau, la trace de sa liaison non-seulement avec Ronsard, mais avec Jodelle, La Péruse, Denizot, le peintre-rimeur, Pierre Paschal, l'orateur latiniste, et même avec le vieux Meslin de Saint-Gelays, qui, ne pouvant plus soutenir l'ancienne école, avait pactisé avec la nouvelle. Son union était surtout intime avec Jan Anthoine de Baïf, qui, de Paris, venait le voir dans son manoir de Chesnay-en-Courcemont, au Maine, d'où ils se rendaient ensemble à Tours et à Poitiers. — A Poitiers, c'était le goût des lettres qui les attirait. Dans cette ville universitaire, peuplée de jeunes gens instruits, se formait autour d'eux un petit cénacle littéraire, dont faisaient partie les Sainte-Marthe, Charles Toutain, Raphaël Grimoult, Vauquelin de Lafresnaye, Guillaume Bouchet, etc. On y voyait aussi les de Marnef, ces imprimeurs lettrés qui avaient pour associés les Bouchet, et dont les presses ne dédaignaient pas la poésie. — Mais à Tours ils étaient enchaînés par le cœur. Tours, où Ronsard s'est aussi laissé prendre, Tours est la cité des jolies filles. Je ne sais trop si les Tourangelles d'aujourd'hui sont aussi amoureuses que leurs aïeules, mais elles n'ont pas déchu de leur beauté. Guy, de

Tours, un poëte du temps, a écrit un poëme : *le Paradis d'amour*, où il nomme et dépeint toutes les beautés ses contemporaines. En conférant quelques vers de cette œuvre avec d'autres vers de La Péruse et de Baïf, j'ai découvert que Baïf et Tahureau s'étaient épris de deux sœurs tourangelles, les demoiselles de Gennes, et cette circonstance explique leur persévérante intimité.

Tahureau fait remonter la passion qu'il éprouve pour son *Admirée* (c'est ainsi qu'il nomme sa bien-aimée) jusqu'à la plus tendre jeunesse. Les poëtes se vantaient alors d'un attachement précoce et, à l'exemple de Pétrarque, d'une longue fidélité.

> L'an quatorziesme à peine commençoit
> A me pousser hors de l'enfance tendre,
> Quand mon œillade esclave me fist rendre
> De ce bel œil qui le mien caressoit.

Cette passion débuta au carnaval de l'année 1541, et dans un bal, où le sort l'avait désigné pour être tout un jour le cavalier de la belle de Gennes.

Depuis lors, pendant dix ans, il promena ses juvéniles amours à travers la France, à la guerre en Piémont, à Rome, partout enfin, les répandant, avec une effervescence de plus en plus brûlante, dans des vers charmants, véritables élans de passion et de poésie.

Mais je vous laisse, mon cher poëte, à vous et à

ces délicats esprits que charment les baisers de Catulle et de Jean Second, le plaisir de savourer dans le livre même toutes les mignardises de cette poésie fluide et gracieuse.

Vous me demanderez peut-être si ces images voluptueuses où se complaît le poëte sont du domaine de la fiction ou de la réalité, car après les avoir tracées, il se prend tout à coup à chanter la palinodie. Souvent, dit-il,

> Souvent j'ay menty les esbats;
> Mais telle jouyssance, hélas!
> M'est encore incogneue!

L'excuse est-elle sincère ou ne serait-elle qu'un voile jeté sur des réalités trop vivement dépeintes? Pour l'honneur de l'Admirée, je veux croire à la vérité de cette amende honorable, bien que les élégies du poëte soient terriblement ardentes pour n'être qu'une simple entéléchie. Ce qu'il y a de certain, c'est que l'Admirée conserva une cruelle rancune. Le charme fut rompu, le lien brisé; la Muse des premières amours resta pour toujours muette. Les autres vers de Tahureau, quoiqu'ils ne respirent plus la même passion, n'en ont pas moins leur attrait élégant et harmonieux; aussi le livre que Tahureau fit paraître à Poitiers, en 1554, obtint-il un grand et légitime succès.

Encouragé par ce début, il partit pour Paris, où il offrit à Henri II un discours sur la grandeur de son règne, suivi de quelques poésies dédiées à Marguerite de France, sœur du roi, la protectrice intelligente et dévouée de Ronsard et de tous les poëtes de son école.

Ce fut le dernier ouvrage qu'il fit imprimer. Il avait en portefeuille deux dialogues satiriques en prose, où il critique en assez bons termes les vices et les mœurs de son temps. Il les remit entre les mains d'Ambroise de Laporte, un imprimeur lettré comme on en compte encore quelques-uns aujourd'hui. Mais Ambroise étant mort, ils ne furent publiés que longtemps après, par Maurice de Laporte. Ils eurent une grande vogue, car on les réimprima une quinzaine de fois en moins de dix ans.

Charles Toutain et Vauquelin de Lafresnaie parlent d'une traduction en vers de l'Ecclésiaste et de Bergeries que Tahureau aurait composées. Lepaige, en 1777, dans son *Dictionnaire historique du Maine*, affirme que ces ouvrages étaient encore conservés, de son temps, dans les archives de la famille. Il est probable que les titres et manuscrits des Tahureau, dont la descendance semble éteinte, ont disparu pendant la tourmente révolutionnaire. Mais la première cause de l'oubli où restèrent ces ouvrages fut la mort prématurée du poëte. Agé de vingt-huit ans à peine, il revenait parmi les siens jouir de ses premiers succès, et, pour comble de joie, une épouse aimée s'asseyait à son foyer. — Les fêtes du mariage venaient de s'accomplir, et, fixé dans son domaine, il s'abandonnait tout entier aux ivresses de son nouvel amour, lorsqu'en peu de temps il s'épuisa, languit et mourut.

On croirait qu'il avait souhaité cette fin en lisant ces vers qu'il écrivait : *De l'heur que reçoient ceux qui meurent entre les bras de leur Dame :*

> Heureux cent foys, vous, dont la vie
> Ne doibt jamais estre ravie
> Sans avoyr pour dernier secours
> Un embrasser de voz amours!

> O mort, des morts delicieuse!
> O mort, mais plus tost vie heureuse!
> Helas! qu'on ne me trouve ainsi
> Au sein de ma Dame transi!... Etc.

Mes recherches ne m'ont point appris le nom de cette jeune femme dont l'amour fut si fatal au poëte.

Ce dernier épisode de sa vie dut avoir pour théâtre son domaine de Chesnay-en-Courcemont, apporté en dot à son aïeul par Isabeau de Courthardy, et dont il donne une description à la fin de son premier dialogue.

« Tu peux voir, dit-il, là au-dessus de ce petit lieu montueux, une maison quarrée faite en terrasse, appuyée de deux tourelles d'un costé, et, de ce costé mesme, une belle veue de prairie au bas, coupée et entrelassée de petits ruisseaux. De l'austre costé, voy ceste touffe de bois fort haute et ombrageuse, dont l'un des bouts prend fin à ces rochers bocageux, et l'autre au commencement de ceste grande plaine, qui est un peu au-dessous de ceste maison que je t'ay monstrée. La vois-tu bien, entre ces deux chesnes? — Je la voy fort bien. — Or tu vois une maison qui est mienne. »

On croirait lire l'ébauche des vers de Lamartine.

> Il est sur la colline
> Une blanche maison;
> Un rocher la domine...

Qu'en dites-vous, cher Poëte? le lieu n'était-il pas charmant? n'était-il pas choisi comme à souhait pour s'y cacher à deux et pour y mourir d'amour?

PROSPER BLANCHEMAIN.

NOTICE BIBLIOGRAPHIQUE

SUR LES DIVERSES ÉDITIONS DE TAHUREAU.

1º Les Premières Poésies de Jaques Tahureau, dédiées à Monseigneur le révérendissime cardinal de Guyse. *A Poitiers*, par les *de Marnefz et Bouchetz frères*, 1554. In-8º, lettres italiques. Privilége donné à Escouan le 7 mars 1547.

— Les mêmes, sous le titre de Odes, sonnets et autres poésies gentilles et facétieuses de M. J. Tahureau. *Lyon, B. Rigaud*, 1574. In-16 de 160 pages, lettres rondes.

— Les mêmes. *Lyon*, 1602. In-16.

— Les mêmes. *Genève, J. Gay*, 1869. In-12, de VI et 176 pages. Tiré à 100 exemplaires, plus 3 sur peau de vélin.

2º Sonnets, odes et mignardises amoureuses de l'Admirée, par le mesme autheur. *Poitiers*, chez les *de Marnefz et Bouchetz frères*, 1554. In-8º, lettres italiques. Même privilége que pour les premières poésies, dont ce volume forme le complément.

— Les mêmes. *Lyon, Rigaud*, 1574. In-16 de 158 pages. Lettres rondes.

— Les mêmes. *Lyon*, 1602. In-16.

— Les mêmes. *Genève, J. Gay,* 1868. In-12 de XXVIII et 116 pages. Tiré à 100 exemplaires, plus 3 sur peau de vélin.

3° Oraison de Jaques Tahureau au Roy de la grandeur de son règne et de l'excellance de la langue françoyse, plus quelques vers du mesme auteur dediez à madame Marguerite. — *Paris, Ve Maurice de Laporte*, au Clos-Bruneau, à l'enseigne Saint-Claude, 1555. In-4° de 22 ff. Lettres italiques. Le Privilége du 30 avril 1555 est accordé à Catherine L'Héritier, Ve de Maurice de Laporte. — Parmi les six pièces de vers qui suivent l'oraison au roi figure une épître aux Muses sur la mort du jeune comte de Tonnerre, Henri du Bellay, qui ne se voit dans aucune autre des anciennes éditions.

Cette plaquette a été reproduite à la suite des Odes, Sonnets, etc., de Tahureau, réimprimés à Genève en 1869.

4° Les Poésies de J. Tahureau, du Mans, mises toutes ensemble et dédiées au Rev. Card. de Guyse. In-8° de 136 ff. et 8 ff. préliminaires, y compris le titre. Le volume n'a pas de privilége. On le trouve avec les noms de cinq éditeurs différents : J. Ruelle, R. le Mangnier, Sonnius, N. Chesneau et G. Buon. — Il reproduit les recueils antérieurs, plus cinq pièces tirées du volume qui précède.

5° Les Dialogues de feu J. Tahureau, gentilhomme du

Mans, non moins profitables que facétieux, où les vices d'un chacun sont repris fort asprement pour nous animer d'advantage à les fuir et à suivre la vertu. (Publiés par Maurice de Laporte.) — *Paris, G. Buon,* 1565, in-8° de 2 ff. liminaires et 267 pages ; 1566, in-8° de 264 pages ; 1568, 1570, 1572, 1574, 1576, 1580, et sans date, in-16. — *Lyon*, 1568. In-16. *P. Rigaud*, 1602. In-16. — *Rouen, Nic. Lescuyer,* 1583, in-16 ; 1585, in-16 ; 1589. — *Anvers*, 1568, in-12 ; *Pierre Vibert*, 1574, in-12 ou in-16.

Je ne connais qu'une partie de ces éditions. Elles ne peuvent que reproduire le texte de la première, publiée dix ans après la mort de l'auteur. Celles que j'ai vues, sauf l'édition originale, contiennent à la fin les cinq pièces de vers qui terminent l'édition des Poésies : *Paris,* 1574. In-8°.

P. B.

NOTES BIOGRAPHIQUES

SUR LES PERSONNAGES NOMMÉS DANS LES POÉSIES DE TAHUREAU.

Admirée (Conjectures sur le véritable nom de l'). Comme la Cassandre de Ronsard et la Francine de Baïf, l'Admirée de Tahureau était une Tourangelle. Les recherches au sujet de la Cassandre n'ont pas amené de résultat. Celles que j'ai faites sur l'Admirée atteignent au contraire un degré de probabilité assez grand pour qu'il soit permis de s'y arrêter.

La Péruse, en consacrant à la Francine de Baïf et à l'Admirée de Tahureau deux mignardises qui semblent les associer dans une même pensée, adresse un peu plus loin, à une demoiselle F. de G., une *Estrenne* où il lui dit :

> *Plus qu'en tableau ou en cuivre,*
> *L'*Admiré *peut faire vivre*
> *Ta sœur par ses beaux écrits;*
> *Mais plus que lui et plus qu'elle,*
> *Si je l'avois entrepris,*
> *Je te rendrois immortelle.*

Si, comme je le suppose, ce nom l'*Admiré* indique Tahureau, la sœur de Mlle F. de G. est évidemment l'*Admirée*. Maintenant abordons un autre ordre d'idées : Baïf, intime ami de Tahureau, devint amoureux de sa *Francine* lors d'une visite qu'il fit à celui-ci, visite que Ronsard rappelle dans un poëme intitulé *le Voyage de Tours*. Dans ses Amours de Francine, Baïf dédie plusieurs sonnets à Tahureau (ff. 60, 102, 104) et aussi à son Admirée (f. 95).

Il dit même, dans un de ces sonnets, en s'adressant aux Naïades de la Loire :

>.......... *Fendez l'eau jusqu'à Tours,*
> *A vos sœurs d'alentour annoncez mes amours*
> *Et leur* honneur second, frère *de l'Admirée.*

Cet *honneur frère* de l'Admirée, c'est Francine, dont le nom correspond à la première des mystérieuses initiales F. de G. Mais que signifient les autres ?

Baïf nous le dit on ne peut plus clairement dans ses Amours de Francine (page 50) :

> *Rien que* Genne *et tourment ton nom ne me promet.*

Ces lettres inexpliquées désignent : Francine de Gennes.

Ce nom est celui d'une famille de la Touraine. Tahureau a un ami qui s'appelle G. *de Gennes.* M. Gellibert des Seguins, dans son édition de La Péruse, cite un René de Voyer, vicomte de Paulmy et de la Roche *de Gennes.*

Enfin le poëte Guy de Tours, dans un curieux poëme intitulé *le Paradis d'Amour*, qu'il consacre à la louange des plus belles dames de Tours, et qui fait partie du rare volume de ses Premières œuvres poétiques (Paris, N. de Louvain, 1598, in-12), écrit ces vers sur Mlle de Gennes :

> *L'or qui folastrement sur la teste blondoye*
> *De la belle de Genne est de si riche proye,*
> *Que quelque Paladin, imitant un Jason,*
> *Ne craindroit le trepas pour si riche toison.*
> *Voy-jà de quel doux philtre elle confist sa veuë,*
> *Voy-jà de quel maintien sa demarche est esmeuë !*
> *Il faudroit que tu fusse un bien disant* BAÏF,
> *Pour peindre de son teinct le cinabre naïf.*

Après ce dernier trait, la preuve est complète : Mlle F. de G. n'est autre que Francine (ou Françoise) de Gennes, la Francine de Baïf. Et comme, selon La Péruse, celle que chantait l'*Admiré* était sa sœur, Baïf et Tahureau aimaient les deux demoiselles *de Gennes.*

ACHON (Antoine d'), évêque de Tarbes. Voyez Tarbes.

NOTES BIOGRAPHIQUES.

Alsinois (Le comte d'). Voyez Denisot.

Auteville (Ysabeau d'), fille d'honneur de Marguerite, sœur de Henri II. — Elle appartenait à la célèbre maison d'Hauteville en Normandie, de laquelle étaient les conquérants de Naples et de la Sicile.

Saint-Gelays a écrit des vers galants sur le psautier d'une demoiselle d'Auteville. Trois demoiselles de ce nom furent filles d'honneur de la reine Catherine de Médicis. — I, 75.

Baïf (Jean Antoine de), l'un des poëtes de la Pléiade. Né à Venise en 1532, mort en 1589. — I. 8, 100, 163, 166. — II. 3, 6, 31, 33, 58, 68, 73, 91.

Bauffremont (Claude de), abbé d'Ascy et de Balernes, puis évêque de Troyes en Champagne (1561). Il y mourut âgé de soixante-quatre ans, en 1593.

Il était cousin plutôt que neveu de Claude de Longwy, cardinal de Givry, dont la mère était une Bauffremont. — I, 96.

Bellay (Joachim du), l'un des poëtes de la Pléiade, le premier après Ronsard. — I, 69. II, 6, 68, 73, 91, 158.

Bellay (Guillaume du), sieur de Langey, mort en 1543, auteur de mémoires sur les guerres de son temps. — II, 218.

Bellay (François-Henri du), comte de Tonnerre, fils unique de François, seigneur du Bellay, mort en 1553, et de Louise de Clermont-Tonnerre. Il mourut jeune, en 1554, et eut pour héritier son oncle Eustache du Bellay, évêque de Paris. — II, 216.

Belot (Charles), ami de Tahureau, dont la sœur, traversant une rivière sur le même cheval que son mari, glissa dans l'eau et se noya. Elle se nommait Françoise, et la rivière qui l'engloutit était l'Huisne. — II, 170.

Bigot. — II, 169.

Bouchet (Guillaume) de Poitiers, auteur des *Sérées*, qui, parmi beaucoup de bouffonneries, contiennent d'excellentes choses. Né en 1526, mort en 1606. — I, 128. — II, 178.

Chaumont (N. de), ami de Tahureau et littérateur. Il ne semble pas appartenir à la maison de Chaumont. — I, 97.

Clement de Treles, poëte latin et français, auteur d'un livret d'anagrammes imprimé en 1582. — I, 169. II, 169.

Coyttier (Jacques), gentilhomme parisien, seigneur d'Aunay. Cet homonyme du célèbre médecin de Louis XI a tout l'air d'être de sa famille. — I, 117.

Denisot (Nicolas), dit, par anagramme, le comte d'Alsinois. Peintre et littérateur, né au Mans en 1515, mort à Paris en 1559. — I, 169. — II, 63.

Devin (Anthoine le), esleu du Tronchay, sieur de la Roche en Anjou et du Tronchay, et de Montargis au Maine. Né au Mans; a composé des tragédies bibliques et une traduction de Salluste, non imprimées. Il mourut à Angers en janvier 1570. — II, 104.

Gardieu (Bernard du), seigneur de Sallettes, précepteu de J. B. Tiercelin, homme savant. — I, 74.

Gatté, poète. — I, 169. — II, 119, 169.

Gennes (Guillaume de), ou Degennes. M. Gellibert des Seguins, dans son édition de La Péruse, nomme René de Voyer, chevalier de l'ordre du Roi et du Saint-Sépulchre, vicomte de Paulmy et de la Roche de Gennes, seigneur du Plessis-Cyran, etc. Marié en 1580. C'était peut-être un parent de G. de Gennes?

Guy de Tours, dans son *Paradis d'Amour*, cite une demoiselle de Gennes parmi les beautés tourangelles.

Je crois que cette ancienne famille existe encore en Touraine.

Voir plus haut les conjectures sur le vrai nom de l'*Admirée*. — I, 138.

Guise (le cardinal de Guise), Loys de Lorraine, quatrième fils de Claude de Lorraine, né le 21 octobre 1527, fut archevêque de Sens et mourut le 29 mars 1578. — I, 3, 36.

Guyart (Anthoine), jurisconsulte et poëte. Lacroix du Maine mentionne un Jean Guyart, sieur de la Brunellière, auteur de poésies et de harangues, non imprimées, qui naquit au Mans et y mourut le 3 mai 1568. — II, 151.

Hoyau (Jacques), seigneur de Beauchesne, poëte. — I, 125, 170.

Jodelle (Estienne), sieur du Lymodin, poëte dramatique, né en 1532, mort en 1573. — Il faisait partie de la Pléiade. — I, 107. — II, 73.

Jounaut (Jean), seigneur de la Trouillardière, né en Anjou. Il était poëte et chantait une beauté qu'il appelait *Mignarde*.
Peut-être était-il parent des Trouillard, du Maine ? — II, 151.

La Péruse (de). Jean Bastier, né à la Péruse (Charente), en 1529, adopta le nom de sa bourgade natale.
Il écrivit la *Médée*, une des premières tragédies françaises, quelques poésies remarquables, et mourut d'épuisement en 1554.
Consulter l'excellente édition de ce poëte donnée par M. Gellibert des Seguins. Paris, Jouaust, 1867, in-8º. — I, 104.

Lestrange (C. de), protonotaire de Monseigneur le cardinal de Guise, abbé de la Celle, diocèse de Poitiers, nommé en 1544, mort en 1565.
Il faisait des vers pour une beauté qu'il appelait *Charite*. Il ne paraît avoir rien fait imprimer.
La famille de Lestrange n'est pas éteinte. — II, 149.

L'Huillier (Gilles), seigneur d'Urcines, second fils de Guillaume L'Huillier, sieur d'Urcines, maître des requêtes, et de Jeanne de Lahaye. Il mourut jeune.
Maisonfleur, dont Marie Stuart lisait les cantiques en allant à l'échafaud, était un Lhuillier.
La famille bourgeoise L'Huillier ou Luillier est une des plus anciennes de Paris. Le spirituel Chapelle, ami de Molière et de Boileau, était fils naturel d'un L'Huillier. — I, 135.

Marguerite (Madame) de France, duchesse de Berry, fille de François Ier, sœur de Henri II, née en 1523, la protectrice des poëtes de la Renaissance, épousa, en 1559, Emmanuel Philibert, duc de Savoie, et mourut en 1574, chérie de ses sujets. — I, 5, 17. — II, 161, 185.

Marie de Lorraine, reine d'Écosse. Étant veuve de

Louis II d'Orléans, duc de Longueville, elle épousa en 1538 Jacques V, roi d'Écosse, et fut mère de Marie Stuart. — I, 35.

MICHON (Jacques), ami de Tahureau. — I, 97.

MAULÉON (Jean de). Voyez Pascal. — I, 80.

MONTPEZAC (Antoine de Lettes, surnommé des Prez, seigneur de), prisonnier à Pavie, maréchal de France en 1543, mort en 1544. — I, 45.

NEVEU, poëte, ami de Tahureau. — I, 170.

PARDAILLAN (Jean de), Panjas second, Prothenotaire de Pangeas (qui sont les qualités qu'il se donne), a écrit en vers françois les amours de sa *Colombe*. Voyez O. de Magny en ses odes, fol. 123 (La Croix du Maine). Il a imprimé un sonnet en tête des *Soupirs* d'Ol. de Magny. — II, 58, 73, 134.

PASCAL, ou PASCHAL (Pierre), né en 1522, à Sauveterre, mort à Toulouse le 14 mars 1565. C'est une figure singulière du XVIe siècle. Il fonda sa réputation sur un discours latin médiocre, et parvint à conquérir l'estime des Grands et l'amitié des littérateurs contemporains.

Voici le fait qui le mit en lumière et auquel Tahureau fait allusion.

Paschal avait suivi à Rome le cardinal d'Armagnac et se trouvait à Padoue, en 1547, lorsque l'archidiacre Jean de Mauléon y fut assassiné. Témoin du crime, il fut chargé de le dénoncer au sénat de Venise et trouva, pour flétrir les meurtriers, des accents tellement émus qu'il enleva d'emblée tous les suffrages. Ce succès lui attira d'autre part de si violentes inimitiés qu'il fut forcé de retourner en France.

Du Verdier, qui parle de Paschal dans sa *Bibliothèque*, l'appelle *un pur abuseur du monde, qui repaissoit les gens de fumée au lieu de rôt;* il reconnaît toutefois que ses harangues témoignent qu'il était éloquent et bon orateur latin. — Il fallait en effet que cet homme fût doué de quelque talent et d'une remarquable faconde, pour avoir ébloui le sénat de Venise, pour s'être concilié, sur parole, l'admiration de ses contemporains, qui tous, poëtes et savants, le comblèrent de leurs éloges; pour s'être enfin si bien posé à la Cour que Henri II le nomma son historiographe et lui donna une pension de 1,200 livres.

Il mourut néanmoins dans la misère et ne produisit jamais rien. « J'ai vu à Paris, dit Du Verdier, au logis de la Petite Harpe, rue de la Harpe, tout ce qu'il avoit fait de son histoire de France, qui ne passoit pas 10 ou 12 feuillets qu'il avoit laissés, avec quelques hardes, à son hôte, nommé Maugis, pour gage de la somme de cinquante écus sol, qu'il lui devoit, de reste de dépense. » Il alla mourir à Toulouse, où on lui consacra, dans le cloître de l'église Saint-Étienne, une fastueuse épitaphe. — I, 57.

RABELAIS (François), le plus savant homme de son temps. Médecin, théologien, linguiste, grammairien, antiquaire, etc., il serait peut-être aujourd'hui profondément oublié ; mais il a écrit *Gargantua* et *Pantagruel !* — I, 72, 73.

REGNARD ou RENART (Jean), Angevin, seigneur de la Minguetière, capitaine pendant les guerres d'Italie et de France, cultiva en même temps les lettres. Il traduisit l'*Histoire des Gaulois* de Paul Émile. Les cinq premiers livres parurent en 1553, à Paris, in-8°, puis en 1566 et 1573. Les cinq autres livres, avec la continuation de Le Feron, furent publiés après sa mort. Paris, 1581, in-fol.— II, 135.

RENAUT DE TRAVARZAY (Antoine), avocat ou magistrat, que Tahureau invite à cultiver la poésie. On trouve, dans La Croix du Maine, un Ant. Renault ou Regnault, qui a fait imprimer à Lyon, en 1573, un discours de son voyage en la terre sainte fait l'an 1548. — I, 109.

RONSARD (Pierre de), le Prince des poëtes français du XVIe siècle. Voir sa vie dans l'édition de ses Œuvres en VIII vol. in-16, faisant partie de la Bibliothèque Elzevirienne (Paris, Jannet, Pagnerre et Franck, 1857 à 1867). — Son frère aîné, Claude de Ronsard, ayant épousé Catherine Tiercelin, sœur de Marie Tiercelin, mère de Tahureau, celui-ci se trouvait allié de Pierre de Ronsard et son neveu à la mode de Bretagne. — I, 17, 27, 69, 76, 78, 171. — II, 4, 6, 8, 58, 67, 73, 91.

ROY (le) HENRY II, né le 31 mars 1518, avait épousé en 1533 Catherine de Médicis. Il avait été sacré le 25 juillet 1547. — I, 9, 29, 38, 63. — II, 187.

Saint-André (Jacques d'Albon, maréchal de), né vers 1505, mort en 1562, à la bataille de Dreux.— I, 6..

Sainct-Francois (Jacques de), seigneur de l'Aulnay, gentilhomme du Maine.

On trouve, dans La Croix du Maine, un Bernardin de Saint-François, gentilhomme du Maine, Conseiler d'église à Paris, puis maistre des Requestes de l'Hostel du Roy, abbé de Fontaine Daniel au Maine, prieur de Grandmont, enfin évêque de Bayeux en 1573. Il mourut en 1582. Il a laissé des vers manuscrits, et on lit quelques sonnets de lui avec les *Amours de Francine*, de Baïf. Je serais étonné que ce ne fût pas le même.— I, 146, 69.

Saint-Denis (P. de), seigneur de Puisensaut.— I, 169.

Saint-Gelays (Meslin de), le fils de l'évêque d'Angoulême, Octovien de St-Gelais; l'émule quelquefois heureux de Clément Marot. Il fut dédaigné pour Ronsard, de même que Ronsard fut ensuite détrôné par Malherbe. Né en 1487, il mourut en 1558. — Bernard de La Monnoye a laissé, sur ses poésies, un très-curieux commentaire que j'ai revu et complété pour une édition qui sera bientôt sous presse.

Tahureau fait allusion aux connaissances de Sant-Gelays en astrologie. — I, 92.

Salel ou Salet (Hugues), né dans le Quercy en 1504, fut abbé de Saint-Cheron, traduisit en vers la moitié de *l'Iliade*, publia en 1536 quelques poésies, et mourut en 1553.— Il fut le maître et l'ami d'Olivier de Magny. — I, 150.

Saluces (François, marquis de), avait été nommé par François Ier colonel de l'infanterie italienne; mais il abandonna la France dans les revers et, comme dit Brantôme, *il quitta le roy mal à propos.* — I, 43.

Tahureau (Jaques). Voici l'article que Maurice de La Porte, dans ses *Epithètes* (Paris, 1571, fol. 255, verso), consacre à notre poëte :

« Jaques Tahureau, gentilhomme du Mans, par ses doctes escrits, s'est rendu immortel à la postérité Icelui voyant nos poëtes François s'inviter l'un l'autre à escrire de l'Amour, il s'en acquitta fort mignardement. Et pour monstrer qu'il sçavoit escrimer à toutes mains du baston qu'il manioit, il nous a pareillement fait voir une sienne oraison dediée au Roy Henry, de l'utilité de la langue françoise. Davantage, se retirant de ceste ville en son païs (où de malheur il fust empestré des liens d'une femme), il laissa entre les mains d'Ambroise de La Porte, mon bon frère, deux dialogues, que depuis j'ay fait imprimer; lesquels eussent esté de deux autres accompagnez, si la Mort, envieuse d'un si gentil personnage, ne lui eut sillé les yeux d'un sommeil irreveillable, peu après la solennité de son mariage. »

Cette notice, écrite par un contemporain et un ami, jette seule un peu de jour sur la mort de Tahureau.

TAHUREAU (Pierre), frère aîné de Jaques. — I, 270. — II, 230.

TAHUREAU (la famille de). D'après les manuscrits de Louis Maulny, historien du Maine, et des notes manuscrites sur la famille Courthardy, qui me sont communiquées par M. Manceau, bibliothécaire de la ville du Mans, voici comment la famille Tahureau se rattachait aux Du Guesclin :

« Cette famille des Tahureau est originaire de Bretagne, gentilshommes.

« Robert Du Guesclin, avec Jeanne de Malemains, eut dix enfants, entre autres Bertrand Du Guesclin, connétable de France, et Anne (Jeanne dans la Chesnaie des Bois), qui épousa Pierre Tahureau; duquel mariage sont issus : Pierre, Colas et Moricette. Pierre demeura en Bretagne; Colas, puîné, épousa Georgette Benard, dame de la Haye-Benard et autres lieux, en Anjou. Moricette épousa Jean Le Maire, écuyer, frère de l'évêque de Chartres. — De Colas Tahureau avec Georgette Benard sont issus René et Jean. René fut baillif de Lesparre, en Guyenne, au ressort de Bordeaux; Jean, puîné, épousa, le 10 août 1466, Isabeau de Courthardy, fille de Seguin de Courthardy et de Marie de Pocé. Isabeau était sœur de Pierre Courthardy, premier Président au Parlement de Paris (il fut juge ordinaire du Maine sous Louis XI, depuis avocat général au Parlement de Paris, en 1486, ensuite premier président au même Parlement, en 1499, et

d

décéda en 1505). Du mariage de Jean Tahureau avec Isabeau de Courthardy sont issus plusieurs enfants, entre autres Jacques Tahureau, qui, le 27 mars 1506, épousa Marie Tiercelin, fille aînée de Louis Tiercelin chevalier, seigneur de la Bechuère, qui fut vice-président des Grands Jours de l'Anjou, du Maine et de l'Angoumois, ensuite conseiller au Parlement et Président aux requêtes du palais. Lorsqu'il maria sa fille, il était lieutenant général en la sénéchaussée du Maine, et donna sa charge de lieutenant général à son gendre. — Jacques Tahureau, père du poëte, après avoir été avocat au Parlement de Paris jusqu'à la mort du premier président B. Courthardy, son oncle (25 octobre 1505), fut fait lieutenant général du Maine en 1506, par la démission de Louis Tiercelin, son beau-père; puis, ayant résigné cette charge à Edwin Metayer en 1520, il prit celle de vice-président des Grands Jours du Maine et d'Angoumois, que son beau-père lui résigna la même année. Pierre Trouillart, juge du Maine, étant mort en 1527, Jacques Tahureau se fit pourvoir de cette charge, qui fut supprimée en 1531. Alors il fut fait lieutenant général, et Edwin Metayer lieutenant particulier. Jacques mourut en 1558.

« De Jacques Tahureau et Marie Tiercelin sa femme sont issus plusieurs enfants, entre autres Pierre et Jacques (le poëte); Jacques, puîné, fut marié Il décéda sans enfants en 1555. »

Pierre Tahureau survécut à son frère; il avait cinquante ans en 1584. Ils avaient deux sœurs : Marie, qui épousa Georges Clément, écuyer, sieur de la Davière; et Anne, mariée à Jean de Guéroux, écuyer, sieur de Belœuvre. Les armes des Tahureau sont, d'après d'Hozier (*Armorial général de France*, registre I, p. 530), *d'argent à trois hures de sanglier de sable, posées deux et une.*

TARBES (l'évêque de). — Antoine d'Achon, fils d'Artaud de Saint-Germain, baron d'Aychon, et de Marguerite d'Albon. — C'est par sa mère qu'il était oncle du maréchal de Saint-André (Jacques d'Albon). — I, 62.

TARON (Jean), sieur de la Roche, conseiller du roi au siége présidial et sénéchaussée du Maine. Il était jurisconsulte, poëte latin et français. On voit 24 vers latins de lui en tête des poésies de Tahureau. La Croix du Maine, qui nous a conservé son nom, dit qu'il n'a rien publié.

C'était un bibliophile, curieux de beaux exemplaires et de belles reliures. Sa bibliothèque passait pour une des mieux choisies et des plus importantes de la province.

Il avait un frère aîné, René Taron, avocat du roi au Mans, et un autre frère chanoine en l'église de cette ville. Tous trois étaient fils de la Baillive de Sillé, une des plus belles et spirituelles femmes de son temps. Il est question d'elle dans la 38e Nouvelle de Despériers, où elle dit : « Si j'estois morte et que j'ouïssse un violon, je me leverois pour baller !... » Il faut en lire tout le conte. C'est un rien, mais tourné avec une gauloiserie charmante.—I, 1, 113, 110, 170; II, 180.

TERTRE (DU), poëte. — II, 169.

TIERCELIN (Charles), sieur de la Roche du Maine, né en 1482, fut soldat dès son jeune âge. D'abord enseigne, puis capitaine, ensuite archer dans la compagnie du duc d'Alençon, il redevint encore homme d'armes, guidon, lieutenant, puis capitaine. Il assista à sept siéges de villes, fut pris à Pavie, puis à Saint-Quentin. Il mourut à Chitré, près Chatellerault, le 2 juin 1567, âgé de quatre-vingt-cinq ans deux mois. Quand Tahureau lui adressa des vers, il était gouverneur de Mouzon en Champagne, petite place forte près Sedan. Il fut aussi capitaine du château de Chinon, qui lui fut enlevé par les huguenots et qu'il leur reprit. Brantôme lui consacre le chap. 88 de ses Grands Capitaines français et en fait ce bon conte :

« M. de Richelieu me nomma par mon nom de Bourdeille le jeune. Soudain il se tourna vers moi en disant :
« Hé ! mon petit cousin, mon ami, que je te donne l'acco-
« lade ! Vostre pere et moy nous avons esté si bons amis.
« Et, teste Dieu pleine de reliques (c'estoit son serment) !
« que nous en avons fait de bonnes de là les monts, d'aus-
« tres fois en mon jeune âge ! » Et m'en alla faire des contes qui levoient la paille, et m'en entretint près d'une grosse demye heure. Et puis s'en voulant aller, il demanda sa mulle, qu'il appeloit toujours Madame sa mulle, qui

avoit plus de trente ans, tant sage et si bien faite au montoir que rien plus. Quand je le vis monter, je luy dis : « Monsieur, que vostre mulle est sage et bien aysée au « montoir! » — « Pourquoy ne le seroit-elle, teste Dieu! « mon petit cousin? Elle a près de quarante ans, elle a bien « appris sa leçon sous moy. Elle me sert fort bien; je « monte à l'ayse sur elle quand je veux. Que pleust à Dieu « j'en peusse faire de mesme sur toutes les dames de « ceste Cour, et qui fussent aussy aysées au montoir! « Vous en seriez bien ayse, petit cousin, qui jà estes un « jeune étalon pour elles. Adieu, mon petit cousin, mon « amy; si tu veux venir souper avec moy, nous causerons « des follies de ton pere et de moy, et de tout. » Je n'y allay pour le coup, mais une autre fois, où il triumpha de dire; mais quand il falloit parler de la guerre, de choses hautes et sérieuses, il le faisoit beau ouyr.

La Chronologie Collée donne un bon et original portrait de Ch. Tiercelin, gravé par L. Gaultier. — I, 40.

Il eut quatre fils :

1º Jean-Baptiste Tiercelin, abbé des Chasteliers, dans le diocèse de Chartres. — I, 48, 74.

2º Louis, qui fut tué à 22 ans, à la bataille de Saint-Quentin. — I, 58.

3º Charles, lieutenant de la compagnie de son père. — I, 52.

4º Artus. — I, 55.

Tiercelin (M. de), abbé d'Hermières, conseiller à la Cour de Parlement de Paris. Semble être frère de Charles Tiercelin qui précède et de Louis Tiercelin, sieur de la Bechuère, ayeul de Tahureau le poète. Tous trois seraient fils de Jean Tiercelin, capitaine gouverneur de Chinon, mentionné ci-après. — I, 59.

Tiercelin (famille de). Elle est originaire du Poitou, où l'on trouve un Lancelot Tiercelin qui épousa Jeanne d'Amboise le 18 août 1223. Parmi les maisons auxquelles elle s'est alliée on remarque celles de Bellay, de la Chastaigneraye, de Penthièvre, Turpin de Crissé, de Gaucourt, de Rochechouart, d'Appelvoisin, de Longchamps, de Courlay, etc. Elle a donné à la Touraine :

— Jean Tiercelin, seigneur des Brosses, capitaine du château de Plissis-lès-Tours, vers 1460.

— Jean Tiercelin, gouverneur de Chinon, en 1485. (Ne serait-ce pas le même ?)

— Adrien Tiercelin de Brosses, capitaine-gouverneur de Loches (1519), mort à Blois en 1548. — Son fils, établi en Picardie, fut souche d'une branche dont le P. Anselme donne la généalogie. (T. IX, p. 89.)

— Louis Tiercelin, abbé de Miserey (1548).

— Ch. Tiercelin, abbé de Fontaine-les-Blanches (1550-1555.)

Voy. Carré de Busserole, *Armorial de la Touraine*. M. Megret Ducoudray, dans le *Bulletin du Bouquiniste* de 1869, indique qu'un frère de L. Tiercelin, abbé de Miserey, Jean Tiercelin, maître d'hôtel du dauphin, depuis Henri II, habitait près Paris une demeure entre cour et jardin dont Louise de Savoie lui avait abandonné la jouissance, et qui se nommait *les Tuileries*.

TIARD (Pontus de), de Bissy, évêque de Châlons-sur-Saône, l'un des poètes de la Pléiade. — II, 73.

TRONCHAY (Mathurin du), littérateur, probablement un parent d'Antoine Le Devin. — I, 169; II, 36, 169.
Voir DEVIN.

TROUILLARD. La Croix du Maine cite deux frères de ce nom; je crois qu'il s'agit ici de Guillaume Trouillard, sieur de Montchenu, avocat au Mans, et non de son frère, Jacques Trouillard, sieur de la Boulaie, docteur en médecine à Montpellier et médecin du roi de Navarre.

Ils étaient de l'ancienne famille des Trouillard, au Maine, à l'un desquels le père de Tahureau succéda dans les fonctions de juge du Maine. — I, 170.
Voir JOUNAUT.

VAYRIE (Hierosme de la), seigneur de la Vaudelle, gentilhomme du Maine, poëte latin. — I, 149, 170.

VILLEBON (Jean d'Estouteville, seigneur de), Beaurepaire, la Gastine, Blainville, etc., conseiller du roi, gentilhomme de sa chambre, lieutenant général pour le roi en Normandie et en Picardie. Il suivit François Ier à Pavie, servit sous Henri II, François II et Charles IX. Sa femme était Denise de la Barre, fille de Jean, seigneur de la Barre, comte d'Etampes. Il mourut à Rouen, le 18 août 1568. — I, 45.

PREMIÈRES POÉSIES

DE

JAQUES TAHUREAU

DU MANS

LES
PREMIERES POËSIES

de Iaques Tahureau, dediées a Monseigneur le Reuerendissime Cardinal de GVYSE.

AVEC PRIVILEGE
DV ROY.

A POITIERS,

Par les de Marnefz et Bouchetz freres.

1 5 5 4

Par privilege du Roy donné à Jean et Enguilbert de Marnef, il est permis d'imprimer et vendre ce present livre, intitulé : LES PREMIERES POËSIES DE JAQUES TAHUREAU, *et defences à tous autres de non en vendre ne imprimer autres que ceux imprimez par lesditz de Marnefz, jusques au temps de cinq ans, à compter du temps qu'ils seront parachevez d'imprimer, soubz les peines contenues par les lettres sur ce faictes et données à Escouan le vij de Mars M. D. XLVII. Par le Roy, maistre François de Connan, maistre des Requestes de l'hostel, present; signées Coëffier, et séellées du grand séel sur simple queuë.*

A MONSEIGNEUR

LE REVERENDISSIME CARDINAL

DE GUYSE.

JE ne sçay, Monseigneur, si c'est un desastre malheureux, ou plustost une calumnieuse envie de tout temps contraire aux bonnes lettres et vertueuses entreprises, qui veut encore du jourd'huy rabaisser l'honneur et perfection de nostre langue, de sorte qu'à peine avons-nous le commencement de quelque chose de bon en icelle, que l'on voyt desjà une infinité d'ignorans cuyder renverser ce tant honnorable passetemps; les uns pour estre mal curieux de toutes choses gentilles et œuvres memorables, les autres pour vouloir trancher le chemin à tous les bons espriz de travailler en nostre poësie Françoyse, et principalement en l'Ode, l'une de ses plus industrieuses parties, alleguans cela avoir desjà esté assez traicté par d'autres ; comme s'ils nous vouloient faire trop vulgaire et commun ce qui ne faict encores que commencer à naistre en nostre France, et en quoy je me suis bien voulu le plus accommoder, pour ce peu d'essay que j'ay faict icy de mes jeunes labeurs. Toutefoys, Monseigneur, ou soit l'infortuné malheur ou l'envieuse ignorance qui vueille ainsi fouler l'honneur des choses honnestes, cela ne m'importera que bien peu, s'il plaist à vostre Grandeur de recepvoir avecques un aussi doux et amiable recueil ces premieres preuves de mon estude, comme, de vostre grace, il vous pleut dernierement voyr à Paris de ma part une Ode, que j'ay bien osé mettre en ce, non mien, mais vostre livre, pour l'honneur davantage de vostre nom, et par ce moyen fermer la bouche à tous ceux qui voudroient miserablement envier mes ecriz.

Non que je sois, Monseigneur, si presumptueux outrecuidé d'estimer par iceux plaire à tout le monde, voyant la diversité des opinions et fantasies aujourd'hui tant incertaines entre les hommes, et mesmement entre ceux qui font profession d'une mesme science.

Touteffoys, je voudroy bien prier ceux qui n'approuveront pas mon style de s'assurer aussi que je n'ay ecrit pour eux. Il me suffit, Monseigneur, de vous plaire et à ceux auxquelz je me suis voué et qui desjà ont tant favorisé mes premiers ouvrages que, quand je n'en recepvroys de ma vie autre recompense, si me sentiray-je trop plus que satisfait du doux travail que j'ay toute ma jeunesse employé pour nostre langue; principalement ayant desjà tant reçeu d'heur et d'honneur en la Court de nostre Roy que d'y avoir, d'entre les meilleurs et plus doctes jugementz, peu contenter celuy de la plus sçavante et admirable de toutes les Princesses, sœur du premier de tous les Roys, la premiere Marguerite, laquelle m'ha donné tant de courage et d'espoir (bien que ma petitesse ne meritast telles faveurs de sa grandeur) qu'il me semble ne pouvoir presque faillir à faire quelque chose de bon, estant advoué d'une si parfaicte et si divinement rare excellence, et de vous, Monseigneur, auquel je donne ce plus cher de mes plus grands tresors, d'aussi bon cueur que je desire toute ma vie m'employer en plus grandes choses et en meilleur endroit, pour vous faire tres humble et plus agreable service.

De Poictou, ce premier jour de May, M. D. LIIII.

> Vostre tres humble et tres obeissant serviteur.
>
> JACQUES TAHUREAU.

AUX LECTEURS.

J'AY bien voulu advertir ceux qui passeroient le temps à lire mes œuvres, de ne trouver estrange si quelquefois, à l'imitation des anciens poëtes, je donne le titre de Dieu et de divin aux personnes excellentes, ce qui est fort commun en la poësie, aussi que les choses grandes et belles semblent avoir je ne sçay quoy de la divinité.

Autant je les en prieray de faire ès autres manieres de parler poëtiques, qui sembleroient autrement trop libres pour un Chrestien, si on ne les prenoit selon l'antique façon et usage des poëtes. Davantage, s'ilz y rencontroient quelques mots nouveaux, de croyre que je n'en ay usé que pour la necessité ou douceur de la langue; neantmoins peu souvent, ne m'y voulant point monstrer affecté, comme plusieurs du jourd'huy, qui ne penseroyent pas avoir rien faict de bon, si à tous propoz ils ne farcissoient leurs livres d'une infinité de termes nouveaux, rudes et du tout eslongnez du vulgaire; se faisans, par ce moyen et par telles autres quint'essences, estimer grands seulement de ceux qui n'admirent rien plus que ce qu'ilz entendent le moins.

Dans l'édition de 1554 cet avertissement est à la fin des Premières Poésies, ainsi que le sonnet de Baïf. Les éditeurs posthumes les ont reportés en tête du volume. Ils ont eu raison, et nous avons suivi leur exemple.

JAN ANTOINE DE BAÏF

SUS LES PREMIÈRES POÉSIES DE JAQUES TAHUREAU.

SONNET.

Le poete est miserable et digne de pitié,
Le poete est bien chetif, qui n'ha gloire plus grande
Que celle qu'importun mandieur il demande,
Ayant le seul honneur contre droit mandié.

Mais si diray-je, Amy, sans en estre prié,
De toy ce mot non feint, que tout Parnasse entende,
Ce mot, mon Tahureau, que crier me commande
La nette verité, jointe à nostre amitié :

Tu dedaignes l'honneur que l'excellent poëte
(Toy mesmes excellent) au poëtastre prette,
Qui fonde son honneur sur l'etranger appuy ;

Car tu veux recevoir l'honneur que tu merites,
Des juges qui liront tes chansons bien ecrites,
Sans aller mandiant les louanges d'autruy.

LES
PREMIÈRES POÉSIES
DE JAQUES TAHUREAU,
DU MANS.

AU ROY.

I

Le nocher prevoyant l'orage
Des ventz par l'air tempestueux,
Et la trop effroyable rage
Des flotz marins impetueux,
Transi, palle, et tremblant de crainte,
Deçà, delà, tout fremissant,
D'une soupirante complainte
En sanglotz il va gemissant;

*Et lors, promettant mainte offrande,
Dressant en l'air ses moites yeux,
Il invoque, importun, les Dieux,
Et sauvegarde il leur demande.*

*Ores le matz se rompt et brise
D'un éclat siflant violent,
Or' un foudre sur luy s'aguise
D'un feu tortu par l'air volant;
Tantost la tempeste enragée
D'escume lui couvre le chef,
Et noirement encouragée
Tourmente sa flotante nef;
Puis ce naufrage impitoyable
Le va jusqu'au fond ravissant
Et tous ses biens engloutissant
Dedans sa gorge insatiable.*

*Le chetif n'ha lors recours
Qu'aux pleurs, qu'aux cris, qu'aux prieres,
Les favorables lumieres
Appelant à son secours.
Enfin un bel astre luit
Qui plus heureux le conduit;
Et demy-mort se retire*

A quelque port estranger,
Où l effroy de son danger
Luy fait ancrer son navire.

II

Et moy qui veux, ô grand Monarque,
Parmi la mer et ta Grandeur
Avancer ma petite barque,
Ne doy-je point trembler de peur?
Qui veux dès ma plus tendre enfance,
Presque sans forces et sans art,
Et mal pourveu d'experience,
M'abandonner à tel hazart ;
Qui veux, de ma rime trop basse
Toucher les louanges d'un Roy,
Qui, dans toute l'humaine race,
Ne trouve de pareil à soy?

Les Dieux ne font moins leur orage
Verser sur les audacieux,
Qu'ilz font dans l'obstiné courage
Des humains les plus vicieux.
Un Promethée, un fol Icaire,

*Me monstrent assez comme il faut
Plus sagement mes pas distraire,
Qu'ilz n'ont fait, d'un sentier trop haut;
Mais un grand desir qui me presse
De chanter ta haute bonté
Fait ainsi ma foible jeunesse
Abuser de ta majesté.*

*M'asseurant que le bateau,
Que par ta grand'mer je guide,
Conduict de ton sainct flambeau,
Marchera de crainte vuide;
Et bien que ta race ès cieux
S'arrange au nombre des Dieux,
Toutesfois ta main benine
Ne monstre pas sa fureur
A ceux qui d'un noble cueur
Chantent ta grandeur divine.*

III

Jadis mainte langue traitresse
Fardoit des grandz Princes l'honneur,
Mais ores ta brave noblesse

Noblement chante ta valeur,
Non éprise d'un vil salaire,
Mais pour contenter ta vertu,
Et voyr ce monstre mercenaire
Tout enflé d'erreurs abattu;
Et rien que cela sus ma lire
Ne m'ha fait ces vers entonner,
Et tes rares vertuz sonner
Vertuz où la France se mire.

Mais que n'ay je la docte veine
De ce Grec Homere tonnant,
Pour aller la grandeur hautaine
Du plus grand des Roys entonnant?
Lors, asseuré de ma victoire,
Bruyant d'un haut ton non pareil,
J'envoyroy ta clere memoyre
Flamber par dessus le Soleil;
Et, ouvrant le beau de tes gestes,
J'y planteroy maint docte vers,
Qui leveroit par l'univers
Portant tes gloires manifestes.

Point ou peu je decriroy
Des Géans la folle race,

*Ou le montueux desroy
Qui accabla leur audace ;
Je laisseroy les Romains,
Et les vieux braves Thebains ;
Je ne bruiroy de Cartage,
Ni des Gregeoys citoyens,
Qui encontre les Troyens
Bruloyent de flambante rage.*

IV

*Tu serois ma cure totale ;
De toy mon esprit parleroyt,
Où ta grandeur, aux Dieux égale,
Jusques aux Dieux retantiroyt ;
Je diroy en ta race antique
Mille et mille Roys tes ayeux,
Changeant mon bras fredon lirique
En un ton plus industrieux ;
Je te prouveroy dès l'enfance
Avoir esté préordonné
D'un cueur de loix environné,
Pour aimer la plume et la lance.*

*Je diroy que soubs toy fleurissent
Les Heliconiennes seurs,
Dont jamais, jamais ne tarissent
Les eternizantes liqueurs;
Je chanteroy qu'onques la France
N'eut des guerriers mieux bataillans,
Que tu en as en l'excellance
De tes Gentils-hommes vaillans;
Et comme ta grand main ouverte
Sçait bien les doctes guerdonner,
Et aux braves hommes donner
A leurs faits pareille desserte.*

*Mais comment! pourroy-je bien
Mettre en oubly ton merite,
Qui du tige Herculien
Les illustres fruitz imite?
Et qui sus tout autre luit,
Comme un flambeau dans la nuit?
Laisseroy-je tes polices,
Ton bras sainctement puissant
Dont justement punissant,
Tu vas les injustes vices?*

V

*Nenny non; et si de ta guerre
Je diroy les justes effortz,
Quand tout autour de toy la terre
Bouillonne au rouge sang des mortz !
Je diroy comme ta fortune,
Qui va croissant heureusement,
Jusqu'au grand palais de Neptune
Estand son renom bravement;
Je diroy qu'il n'y ha puissance
Guidant plus sainctement les siens
En temps de paix, que sont les tiens
Regiz soubz ton obéissance.*

*Je diroy l'Allemaigne heureuse
D'avoir l'appuy de ton conseil,
Qui la rendra victorieuse,
L'armant de ton bras nompareil;
Je diroy que ta forte lance
Fait au plus vaillant des Cæsars
Sentir sa plus haute vaillance,
Le subjuguant de toutes pars,*

*Et que ta grandeur redoutable
Bien tost sus tous tes ennemys,
Humbles à tes deux piedz soubzmis,
Aura la victoyre honorable.*

 *Ton Ronsard te chantera
Tonnant en sa Franciade,
Dont France triumphera
De la superbe Iliade.
Taisez-vous donc, mes écriz;
Voz chantz ne seroyent que cris
Gazouillans dedans cet hynne,
Au regard du Vandomoys,
Dont la bien disante voix
Surpasse celle du Cygne!*

A MADAME MARGUERITE.

*Les doctes sonantes Sœurs,
Les filles de la Memoyre,
Dont les mielleuses douceurs*

Oindront à jamais ta gloire,
Estoyent toutes en un rond
Qui estinceloit tout blond,
Tant leur blanc-poli visage
Reluisoit en cet ombrage.

Auprès d'elles doux-bouilloit
La source d'une fontaine,
Qui sautelant trepilloit,
Entortillonnant la plaine
De ses cristallins ruisseaux ;
Là maintz secretz arbrisseaux
Ombrageoyent soubz leur fueilléc
Cette divine assemblée.

Là bayoit sauvagement
Mainte caverne moussue,
Où la fraicheur lentement
Au plus chaut de l'esté sue ;
Un vent Zephirin mollet
Flottoit sur leur teint douillet,
Qui feroit honte à l'Aurore,
A la rose, aux liz encore.

Là se decouvroit aux yeux

*Une fort haute montagne,
Dont la grandeur des haux cieux
Se faisoit presque compagne;
Là cent mille belles fleurs
Emailloyent de leurs couleurs
La terre en son gay couverte,
Passant l'émeraude verte.*

*Là ces mignardes estoyent
Aux Pegaziennes rives,
Et sur leurs lires mettoyent
Maintes loüanges naïfves;
Thalie d'un doy coulant
Chatouilloit le luc parlant;
Clion de sa main d'ivoire
Sonnoit un hinne de gloire.*

*Puis la gaillarde Eraton,
En sa flamme doucereuse,
Bruyoit d'un folatre ton
Mainte chanson amoureuse;
Euterpe, qui la touchoit,
Sa douce flute embouchoit;
Jusques aux cieux Uranie
Envoyoit son harmonie.*

Polymnie, aux doux accords
De sa lire nompareille,
Charmoit doucement alors
Cette troupe par l'oreille,
Quand Melpomene enchantoit
Un chascun qui l'escoutoit
Mesurer à l'espinette
Sa tremblante chansonnette.

Terpsichore fredonnoit
Sus sa hautaine guiterre,
Dont mesmes elle estonnoit
Le ciel, les eaux et la terre;
Mais tant son cœur s'en ravit
Que sus pieds elle se mit,
Devant toute l'assistance,
Carolant à la cadance.

La maistresse du sainct chœur,
La sçavante Calliope,
Dont la voix hausse le cueur
De ceste gentille trope,
Ravissoit des plus grands Dieux
Les oreilles et les yeux,
Tant sa voix et son visage

Leur deroboyent le courage.

Quand neuf sœurs prises d'orgueil
(Sottise Aganipïenne),
Troublant le chant nompareil
De la bande Aönïenne ,
Leur vindrent d'un lourd debat
Livrer l'importun combat ,
Taschant d'une emprise estrange
Abastardir leur louange.

De ces neuf sottes alors
La plus sotte outrecuidée,
Eclatant sa voix dehors ,
D'une chanson mal guidée,
Narroit les Dieux pourchassez
Des fiers Geans , et chassez
Par le foudroyant Typhée,
Qui s'en dressoit un Trophée.

El' faisoit les Dieux courir
Çà et là , tremblans de crainte ,
Couvrans, de peur de mourir,
Leur forme d'une autre feinte.
Jupiter en pastoureau

Gardoit craintif son troupeau ;
Apollon soubz noir plumage
Estoit un corbeau sauvage ;

Bacchus, pour n'estre congnu,
Voylé d'autre couverture,
Avoit d'un grand bouc cornu
(Ce disoit) pris la figure ;
Deçà, delà tournoyant,
En forme d'un char roüant
La sœur de Phœbus se cache ,
Et Junon en blanche vache ;

Venus, de peur tressaillant ,
Et peu vaillante guerriere ,
Alloit son corps écaillant
Comme un poisson de riviere ;
Alors le Cyllenien
D'un prompt voller Ibien
Fuyoit, ramant ses esselles
Au singler de ses deux aisles.

Bref, son rude, lourd discours,
Sans sel, sans poix, sans mesure ,
Alloit tousjours au rebours

*D'une voix fadement dure,
Et plus elle se louoit,
Plus son parler s'enrouoit,
S'égarant, la pauvre folle,
Et de sens et de parolle.*

*Lors les filles du grand Dieu,
Voyant l'effrontée audace
Qui avoit jà tant de lieu
Dedans cette fole race,
Presque tenoyent à desdain
Son caquet froidement vain
Et l'entreprise bavarde
De sa langue babillarde.*

*Mais, pour monstrer le deffaut
A ces nices glorieuses
De vouloyr monter si haut
D'aisles trop presumptueuses,
Calliope, de sa voix
Qui ravist et montz et bois,
Commença de douce sorte
Sa chanson doucement forte,*

Et, mariant les doux tons

*De sa voix melodieuse
Avec les nerveux fredons
De la lire armonieuse,
El' souspira des accents
Qui ravirent tous les sens,
Non d'un esprit Satirique,
Mais de la bande Olimpique.*

*Lors le venin s'eslançoit
Au Piérien courage,
Qui sanglotant bondissoit
D'une fort pressante rage,
Et, se voyant surmonté,
Encores tout éhonté,
D'une furieuse gorge,
A mesdire il se degorge.*

*Plus ces criardes voyoyent
Les Muses victorieuses,
Et tant plus ell' aboyoyent
D'injures audacieuses ;
Mais ell' sentirent soudain
Comme la divine main
Punit leur fole querelle
D'une vengeance immortelle :*

Car, comme ell' vouloyent souiller
Les Muses de mainte injure,
Ell' se voyoyent depouiller
De leur premiere figure;
Cette-cy se sent voller
Comme un oyseau parmy l'air,
L'une après l'autre s'épie,
Chascune en forme de Pie.

Et tousjours depuis ce jour,
Par mainte forest sauvage,
Ell' caquettent, sans sejour,
D'un injurieux ramage,
Et vont encore agaçant
De despit chacun passant,
Trop plus promtes à mesdire
Que n'est le Cygne à bien dire.

Telles seront à jamais
(O la fleur de nos Princesses)
Les foles, qui desormais,
Par leurs langues chanteresses,
S'efforceront d'égaler
Le Nectar de ton parler,
Ou l'immortel de ta lire,

Que mesmes Parnasse admire.

*Où es-tu, grave sonneur,
La haute gloire Thebaine?
Où est maintenant l'honneur
De la grand'harpe Romaine?
Brave Alcée, où estes-vous?
Où est vostre chant si doux?
Où dormez-vous tous deux ore,
Callimaque et Stesichore?*

*Où es-tu, grand Tracien?
Où es-tu l'heur de Mantoue?
Et l'Aveugle, que pour sien
Maint doubteux canton avoue?
Où sont tes vers moëlleux,
O Anacréon mielleux?
Où es-tu, mignard Catulle,
Properce, Ovide, Tibulle?*

*Si vostre trop dur sommeil
Pouvoit dessiller sa nue,
Et voyr le suyvant Soleil
Qui anjourne nostre veue,
Vostre chant se dediroit,*

*Et autrement parleroit
Du nombre de voz mignonnes,
Dont vous cherchiez les couronnes.*

*Que veux-tu dire, Ronsard,
Qui le premier de ton pouce
Nous as tous instruitz en l'art
D'animer la harpe douce ?
Où sont voz divins espriz,
O François tant bien appris ?
Où est la lire immortelle
Qui par vous se renouvelle ?*

*Certes maintenant il faut
Qu'ensemble je vous accuse,
Vous enseignant le deffaut
Où vostre langue s'abuse.
Vous ne faictes que neuf sœurs
Princesses de voz douceurs,
Les nommant vos neuf pucelles,
Vos déesses immortelles.*

*Regardez bien la vertu
Dont l'esprit de Marguerite
Est doctement revestu,*

*Vous direz qu'elle merite,
Pour la grandeur de son sang,
Estre au plus haut de leur rang,
La disant de vostre trope
La dixiesme Calliope.*

*Sa race est des plus grands Dieux
Sa chasteté est tant belle,
Que jà se prepare aux cieux
Un astre éclerant pour elle;
El' anime bien souvent
Le papier d'un doigt sçavant;
De sa lire les louanges
Vollent aux terres estranges.*

*Bref voz neuf filles n'ont rien
En leur vertueux partage,
Qu'el' n'en ayt autant au sien,
Voyre encores davantage.
El' favorise voz chantz
Contre ignares et meschantz,
Qui veullent par leur cautelle
Demollir vostre chapelle.*

Mais si vostre saint troupeau

*Ne se trouvoit enfin digne
De ce trop plus saint flambeau,
Qui éclere dans mon hynne;
Si Marguerite ha tel heur
Qu'on luy doibve plus d'honneur,
Chantez là doncques sans cesse
De voz neuf Sœurs la Princesse.*

A MESSIEURS LES ENFANTS DE FRANCE.

*Puis que d'entre tous les François,
Vostre pere ha pris pour sa gloire
La main du docte Vandomoys,
Le premier peintre de memoire;
Ne vueillez, heureuse jeunesse,
Refuser le jeune labeur,
Le jeune labeur que j'adresse
Divers vostre jeune grandeur.*

*N'aguere en un sommeil plongé,
Ce me sembloit, sus la poitrine
De Calliope, j'ay songé*

Voyr une grand' troupe divine,
Dont chacun tenant la couronne
Du vert laurier victorieux,
A l'envi vous en environne
Jà desjà le chef glorieux.

Je voioy là, pour leur guerdon,
A l'écart d'un fort grand espace,
L'excellence d'un riche don,
Que tenoit une belle Grace,
Et tous d'une course subite
Tiroient au precieux joyau
Qui estoit promis au plus viste
De ce divin sacré troupeau.

Mais un de tous ces bons espriz,
Le mieux courant par la carriere
Des Muses, ha gaigné le pris,
Laissant tous les autres derriere ;
Et depuis au peuple admirable,
Mesmes aux Princes et aux Roys,
Il ha vostre nom honorable
Par tout espandu de sa voix.

O trois et quatre fois heureux

Le cher nourrisson de Parnasse,
Qui gouste le fruit savoureux
Croissant en la Royale race,
Et qui bien loing de tout desastre,
Loing de l'envie et du malheur,
A sa naissance, d'un bon astre
Reçoit la benine faveur!

Je ne veux pas desesperer
Que d'une main trop plus sçavante
Je ne puisse faire admirer
Vostre gloire à jamais vivante ;
M'asseurant, s'il vous plaist m'eslire
Pour le chantre de voz honneurs,
Ne me faire estimer le pire,
Ni des moindres, de voz sonneurs.

Mais s'il plaist à la Majesté
De nostre Prince vostre pere,
Ou à la douce humanité
Qui rit dans vostre chaste mere,
Ou bien à vostre sage enfance,
Me commander quelque œuvre beau;
Qui publira dans vostre France
L'honneur de vostre front nouveau ;

*Je ne seray du rang de ceux
Qui d'une nonchalance vaine
Atteins, languissent paresseux
A quelque entreprise hautaine,
Ou qui d'une aisle mal apprise
Retentent un chemin si haut,
Que devant leur fole entreprise
Ils monstrent desjà leur deffaut.*

*Mais mesurant également
La grandeur de vostre merite
Avec le bas enfantement
De ma Muse encores petite,
Selon les forces de mon pouce
Je feray voir une chanson
Qui sus vostre louange douce
Prendra sa divine façon.*

*Et peut-estre, Enfans, qu'en la fleur
Du plus verd printans de mon aage,
Je diroy si bien la valeur
De vostre tant brave courage,
Que vostre grandeur liberale
Voudroit bien me vers guerdonner,
Et de vostre race Royale*

Le poete sacré m'ordonner.

Peut-estre aussi que tous les Dieux,
Voyant mon humble hardiesse
Ne s'endormir point aux bas lieux,
Riroyent tant à ma petitesse,
Et m'armeroyent de telle audace
Que je pourroy gaigner le pris
Que cette tant divine Grace
Promettoit avecque un soubzris

A cettuy là qui le premier,
Laissant les autres par la voye,
Accouroyt à elle tout fier,
L'accueillant d'une extresme joye,
Ainsi vostre race bien née
Aille de plus en plus croissant,
Et toute la terre bornée
De son rond parfait remplissant.

Croissez donq, bien heureux Enfans,
En aage, honneur, et en louanges,
Et portez vos noms triumphans
Au plus loing des terres estranges !
Ce pendant ma foible jeunesse,

Qui chante encores foiblement,
Pour orner mieux vostre hautesse
Croistra d'un docte jugement.

―――

SONNET A EUX-MESMES.

Heureuse, Enfans, j'estime vostre enfance,
D'estre en un siecle où tant de bons espris
Par leurs plus beaux et plus divins écriz
Tous à l'envy diront vostre excellance;

Diront aussi vostre jeune vaillance,
Qui jà d'un braz aux armes bien appris,
Brave, s'appreste à conquester le pris
Sur l'ennemy, qui fuyra vostre lance.

Heureux, vrayement, de voyr cet age d'or
Je vous estime, et tres heureux encor
Ceux qui pourront louer vostre hautesse;

Mais qui sera-ce, en vostre aage plus meur,
Qui dignement chantera vostre honneur,
Quand jà si grandz vous estes de jeunesse?

―――

AVANT-MARIAGE

DE MADAME MARIE, REINE D'ECOSSE.

SONNET.

Heureux le Roy qui de telle beauté
Pourra gaigner le celeste courage,
Qui par l'accord d'un chaste mariage
S'accouplera de telle deité!

De luy le nom soit à jamays vanté,
Le nom en soit immortel en tout age,
Quand le divin d'un si heureux partage
Pour sa grandeur luy sera presenté :

Ainsi le beau-fleurissant Hymenée
Pour honorer cette brave journée
A ce vœu saint appelle tous les Dieux ;

Ainsi le chœur des filles de Memoire,
Qu'elle cherist d'une si douce gloire,
Y dresse un chant d'un ton melodieux.

A MONSEIGNEUR

LE REVERENDISSIME

CARDINAL DE GUYSE,

LOYS DE LORRAINE.

Les destins tournoyans d'une inconstante face
Sont tousjours coustumiers, en notre humaine r
De monstrer d'heure en heure, et presque en un moment,
Des espriz et d'un siecle un divers changement.
Du temps que florissoit en Grece la faconde,
Du temps que Rome avoyt tout l'empire du monde,
Et qu'un chacun goutoyt les sçavantes douceurs
Qu'à leurs chers nourrissons répandent les neuf Sœurs,
On voyoit l'immortel de la belle doctrine
Voler jusques aux cieux, d'une plume divine ;
Chacun embrassoyt lors des Muses le bon-heur,
Chacun aux fronts sçavans prodiguoyt de l'honneur.
C'estoit, c'estoit alors que d'une brave gloyre
L'on se faisoit vainqueur dessus la Parque noire ;
Alors les bons espriz les plus aymez des Dieux,

N'estoyent point attaquez de broquardz odieux ;
Ains, admirez de tous, mesmes des plus grands Princes,
Ils marchoyent les premiers par toutes leurs provinces ;
Aussi tout prosperoit, ou bien fust que les Roys
Gouvernassent en paix le peuple de leurs loix,
Ou fust que foudroyans au plus fort des alarmes
Ils enflassent le cueur des furieux gensdarmes.
Mais las, helas ! depuis que ne sçay quels tyrans,
Dans Rome et dans la Grece, obstinez ignorans,
Des enfans d'Apollon ont fait une risée,
Depuis que la science ha esté méprisée,
Et qu'on ha veu donner par ces espris brutaux,
Pesle mesle la place à un gouffre de maux ;
Tout, sans ordre, confuz, tombant en decadence,
Ha perdu tout à coup sa premiere excellence ;
Si qu'on en ha peu voyr, par cent mille dangers,
Les regnes divisez entre les étrangers,
La langue corrumpue et la Muse foulée,
L'equité par le faux durement violée,
Et les cueurs plus enclins aux naïfves bontez
Grossir barbarement de mille cruautez.
Mais depuis qu'on ha veu, mesmement en la France,
Le sçavoir triumpher par dessus l'ignorance,
Et que le Roy Françoys, le Roy des bons espris,
Ha remis en faveur les doctes mieux appris,

*Trop mieux qu'auparavant jusque aux terres estranges
Les François ont poussé l'honneur de leurs louanges;
Et si feront encor, soubz le gouvernement
De nostre grand Henry, trop plus heureusement
Estendre leur puissance, et le feront de sorte
Que toute nation ployra soubs leur main forte;
Aussi nostre grand Roy ne veut favoriser
Que les hommes parfaitz, et ne laisse abuser
Son esprit par ceux là qui, de fausses merveilles
Deguisans leur mensonge, enchantent les oreilles.
Onques il ne presta sa Royale faveur
Sinon aux gens de bien, qui de leur noble cueur
Par actes vertueux portent le tesmoignage,
Honorans, comme toy, leur honoré lignage;
Comme toy, qui n'as rien au devant des yeux peint
Fors ce haut point d'honneur, auquel tu as atteint
Dès ta première enfance, et qui vrayment surpasses
De tous ceux de ton temps les plus divines graces;
Comme toy, qui n'es point pour toy né seulement,
Toy qui ne pallis point pour l'or avarement,
Et qui ne tâches point des richesses acquerre
Pour miserablement les cacher soubz la terre;
Mais qui royalement, d'un effect liberal,
Recompenses des tiens le service loyal,
Et qui de loing fuyant les approches du vice*

*N'employes ton loisir qu'à tout noble exercice ;
Mais qui mourroys plustost que souffrir devant toy
Un acte qui ne fust d'accord à nostre Foy.
Et certes, ta grandeur et ce cueur magnanime
Meritent bien assez que nostre Roy t'estime,
Et meritent bien plus que ceste dignité
Qui decore ton chef de sa divinité.
O que cent fois heureux j'estimeroys l'ouvrage
Du labeur que j'ay pris à la fleur de mon aage,
S'il recevoit un coup si heureuse faveur
Qu'il peust estre avoué de ta haute grandeur,
Et si, pour le guerdon de ma tant douce peine,
Ta hautesse vouloit me servir de Mecene.
Alors sans craindre rien, contre tous envieux
Je hausseroy la teste, et au plus haut des Cieux
Eslevant ton renom, j'yrois prendre ma place
Au plus hautain sommet de nostre sainct Parnasse :
Vueilles donc œillader d'un bon œil mes écriz ;
Veuilles, sage Prelat, l'appuy des bons esprits,
Me tenir la main forte, et voy de ma jeunesse
Ces très-humbles presens qu'humble vers toy j'addresse,
Et lors tu congnoistras combien par ton support
Je prendray de courage, et, combattant la mort,
Comment j'animeray d'une plus vifve gloire
De mon Roy et de toy la celebre memoire ;*

Et mieux que je n'ay faict encores par ces vers,
Comment je chanteray la France en l'univers,
L'univers qu'on verra flechir soubz nostre Prince,
Comme faict maintenant sa plus humble province.

A MONSEIGNEUR

DE LA ROCHE DU MAINE TIERCELIN

CHARLES TIERCELIN,

CAPITAINE DE CINQUANTE HOMMES D'ARMES,
GOUVERNEUR ET LIEUTENANT GENERAL
POUR LE ROY A MOUSON.

Maintz ont passé legerement
En leurs Croniques la memoire
De ceux là qui plus vaillamment
Ont combatu pour la victoire,
Et qui, tainctz de poudre et de sang,
Ont tousjours eu le premier rang;

Et souvent ont donné le loz,
Avecques leur plume bavarde,

A ceux qui ont tourné le doz
Les premiers en fuite couharde,
Ignorans les faicts valeureux
Des hommes plus chevaleureux ;

Ou bien ont faict le plus d'honneur
A ceux qui avoyent la puissance
D'achepter par dons la faveur
De leur mercenaire ignorance,
Masquans soubz leurs écriz flateurs
Mille et mille propos menteurs.

Mais ce n'est pas moy qu'on verra
Desguiser de telles mensonges,
Ne qui vilement remplira
Mes libres escrits de telz songes,
N'ayant encores point appris
De me marchander pour un pris.

Noblement noble je diray
D'une louange veritable,
La vertu que je chanteray,
Et l'excellance venerable
De ceux qui par nobles labeurs
Gaignent eux-mesmes leurs honneurs,

Comme toy, qui as prins en main
La masse, l'espée et la lance,
Et suivy les armes, soudain
Que ta jeunesse eut la puissance
De porter le faix du harnoys,
Pour faire service à noz Roys.

Et qui d'un bras bien bataillant,
Dès le printemps de ta jeunesse,
As employé ton bras vaillant
Jusques à ta blanche vieillesse,
Qui monstre encores la fureur
En toy d'un brave belliqueur ;

Qui sans reproche d'avoyr faict
Jamais une faute à ton Prince,
As d'un conseil meur et parfaict
Gardé mainte grande province,
Par toy sauvée du danger
Souvent du soudart estranger.

Qui cent et cent fois as soubzmis,
Par l'effort de ta roide lance,
A ta mercy les ennemys
Qui vouloyent en vain de la France

Esprouver le bras, mais trop fort,
Pour repousser leur foible effort.

N'as-tu pas contre l'Empereur
Faict teste à toute sa puissance,
Quand par detestable fureur
Et par horrible outrecuydance,
Il se deliberoit, sans toy,
Prendre les terres de ton Roy?

Quand à grand peine un contre cent,
Pour tenir fort à son audace,
Tu resistas dedans Fossant
Un fort long temps à sa menace,
Craignant lors bien peu de mourir,
Pour ton bon Prince secourir?

Alors l'ennemy n'esperoyt
Qu'un seul jour resister tu peusses,
Tant autour lasche il s'asseuroit
Du traistre Marquis de Saluces,
Qui lors trop infidellement
Faussa son parjure serment;

Quand, oubliant le traitement

Qu'il avoit eu dès sa jeunesse,
Estant nourry si cherement
Avec la Françoise noblesse,
Dèslors le meschant en son cœur
Luy brassant ce nouveau malheur;

Quand, oubliant tous les honneurs
Qu'il avoit reçeus de la France,
Jusques à gaigner les faveurs
En Piedmond de la Lieutenance,
Et d'abuser, le malheureux,
De l'ordre des chevaleureux;

Quand, oubliant aussi le nom
De Françoys, qu'il portoit semblable
A ce grand Roy, dont le renom
Vit par tout d'un loz honnorable,
Et qui l'avoit tant bien reçeu
Chez luy, pour en estre deçeu.

Il voulut bien, le desloyal,
Par la conspirée entreprise,
Contre le noble sang Royal
User d'une telle surprise,
Fardant soubz couleur de bienfaict

Le plus meschant de son forfaict.

Pensant bien mettre tout à sac,
Par ses laschetez trop villaines,
Sans toy, Villebon, Montpesac,
Tous trois fort sages capitaines,
Qui par vostre grande vertu
Vistes son dessein abattu.

France ha loué beaucoup de faitz
Memorables de sa noblesse,
Toutesfois el' n'en vit jamais
Un de plus vaillante proësse,
Ne qui d'un écrit renommé
Meritast plus estre estimé.

Non de ce seul acte vaillant
Tu t'es faict obliger la France,
Soit que du soudart assaillant
Tu repoussasses l'arrogance,
Ou que toy-mesme en un assaut
Fisses preuve de ton cueur haut.

Tousjours tu as eu ce bonheur
Que de laisser un tesmoignage

*De ta merveilleuse grandeur
Aux guerres, et vaillant et sage,
Et à resoudre un bon conseil
Ne trouver guéres ton pareil.

D'un Roy la grandeur seulement
Ne gist aux richesses pompeuses,
Ny à s'accoustrer richement
D'or, ny de pierres precieuses,
Ny dans un grand Palais doré
Se voyr d'un chacun honnoré ;

Mais bien à cherement traicter,
Par recompenses liberales,
Et à sagement contenter,
Par ses douces faveurs Royales,
Ceux là qu'il congnoist comme toy
Inviolables en leur foy.

Aussi la sage majesté
De nostre Prince redoutable
Sçait bien de liberalité
Recompenser, inestimable,
Ceux qui par leur noble valeur
Ont mérité telle faveur.*

*Ainsi par ses faictz triumphans
Il rende l'Espagnole audace
Subgecte à luy et aux enfans
Bienheureux de sa noble race,
Et soit aux combats martiaux
Heureux en serviteurs loyaux !*

AUX TROIS FILZ

DE MONSIEUR

DE LA ROCHE DU MAINE TIERCELIN.

I

A MONSIEUR L'ABBÉ

DES CHASTELIERS, BAPTISTE TIERCELIN.

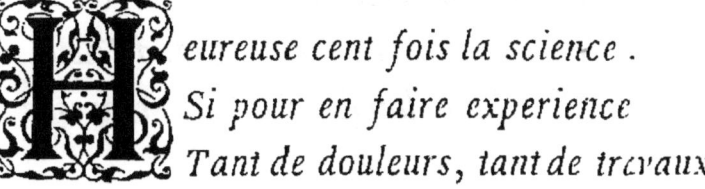eureuse cent fois la science.
Si pour en faire experience
Tant de douleurs, tant de trevaux
N'accompagnoyent l'humain courage,
Et si el' n'attrainoit la rage
D'un abysme infiny de maux.

Celuy qui, avec le sçavoyr
Peut l'esprit innocent avoyr,
Et net d'entreprise méchante,
Tel est digne par dessus tous

Qu'un vers eternellement doux
D'un Poëte sçavant le chante.

O Prelat, des Prelats l'exemple,
Certes tu as les deux ensemble,
La doctrine et l'esprit entier.
Ton ame doctement divine
Jamais, jamais ne s'achemine
Que par un vertueux sentier.

Les amorces des biens hautains
N'ont point tant d'appast en leurs hains,
Qu'elles deçoivent ta sagesse,
Et que ton cœur en plus seur lieu,
Recherchant la loy du grand Dieu,
Plus haut humblement ne se dresse.

Rien, rien des hommes ne t'arreste,
Qu'un plaisir chastement honneste :
Tu aymes la civilité,
Tu approuves la docte lire,
Et la plume qui sçait élire
Les chants de pure verité.

J'espere bien que quelquefois

Je dresseray l'air de ma voix
Par ta trace spirituelle,
Et qu'en motz plus graves appris
J'effaceray de mes espriz
Toute cette tache charnelle.

Si est-ce dès or' que j'estime
N'offencer aucun par ma rime,
Tant ayt-il l'esprit chatouilleux :
Si l'amour ma jeunesse enflame,
Qui m'en voudra donner le blâme,
D'un front rudement sourcilleux ?

Celuy seroit bien aveuglé,
Qui d'un jugement déreglé,
Blâmeroyt la docte entreprise
De l'écrivain Aōnien,
Qui dans ses vers n'approuve rien
Qu'une ame de vertus éprise.

Nos nepveux qui verront la gloyre
Dont je fay voler ta memoyre
Jusqu'aux plus lointaines citez,
S'efforceront tous de t'ensuivre,
Et noblement comme toy vivre

A jamais seront incitez.

Pourquoy donc ces faux imposteurs
Veulent par leurs écriz menteurs
Troubler nostre veine feconde,
Dont nous faisons or' égaler
Le François élegant parler
Jusqu'à la Thebaine faconde ?

Par une obscure fantaisie
Maints tâchent de la poësie
Rabaisser la gloire et le nom,
Et par opinions trop vaines
Abolir des lettres humaines
L'antique et celebre renom.

Mais si tu prens un coup à gré
Ce petit present consacré
A ta grandeur que je revere,
Je ne craindray qu'un glorieux
Satiriquement envieux,
De loing grondant me vitupere.

———

II

A CHARLES TIERCELIN,

LIEUTENANT DE LA COMPAGNIE DE MONSIEUR DE LA ROCHE
DU MAINE THIERCELIN, SON PERE.

Ce grand destin qui nous guide
Nous donnant à tous le frain,
Or' à l'un lâche la bride,
Or' il la retient soudain;
Il fait que cettuy aspire
Aux triumphes des soudars,
Puis soudain il le retire
De ces trop douteux hazardz.

Bien que Fortune insensée
Nous égare du bon-heur,
Si est-ce que ta pensée
Sera ferme en sa valeur;
Jamais ta meure constance,
Pour crainte de mille mortz,
Ne changera la vaillance
De ses vertueux effortz.

Quand tu n'aurois que l'image

*Du Pere devant les yeux,
Si est-ce que ton courage
S'en guinderoyt jusqu'aux cieux ;
Et ainsi qu'un brave Ascaigne,
Émeu du sang paternel,
Tu suivrois pour ta compagne,
Vertu, d'un cours eternel.*

*Si aux armes en ta race
L'on peut choisir les premiers,
On en voyt qui en la grace
Des Muses ne sont derniers ;
Je me vante que ta gloyre
Aura de ses faictz le pris,
Et qu'on verra ta memoyre
Immortelle en mes écriz.*

*Ce n'est point pour l'alliance
De nous ny de noz ayeux,
Que je fay bruyre ta lance
Jusqu'aux oreilles des Dieux ;
Rien à cela ne m'incite
Que le seul bruit de ton nom,
Qui de soy-mesme merite
Un plus grand et grand renom.*

Je voy le soudart d'Espagne
Trembler desjà de ton loz;
Je le voy par la campagne
Tourner devant toy le doz;
Je prévoy que nostre Prince
Te fait desjà gouverneur
De mainte et mainte Province,
Qui chantera ton honneur;

J'oy pour endosser les armes
Au Camp un murmure fier
Des haut-bruyantes alarmes,
Encourageant le guerrier,
Qui, brave, dessoubz ta charge,
A l'ennemy palissant
Fera d'un deluge large
Vomir le sang rougissant.

Je voy France qui guerdonne
D'une voix tes faictz hautains;
Je prevoy comme elle ordonne,
Sa clef forte entre tes mains;
Je voy maint triumphe rare,
De joye mille grands feux,
Que le peuple te prepare,

Faisant pour toy mille vœux.

*Cependant ma plume basse
Plus forte se nourrira,
Que le sainct chœur de Parnasse
De ses beaux dons remplira,
Dont je feray la peinture
De mes vers, qui seront telz
Qu'en une mesme écriture
Nous serons deux immortelz.*

III

A ARTUS TIERCELIN.

I

*Quand l'orfebvre industrieux
Veut enrichir son ouvrage,
Le rendant plus precieux
A quelque gentil usage,
En le parant il s'efforce
D'en oster la rude escorce;
Puys d'un or resplendissant
Il le va enrichissant,
Afin que plus delectable*

*Il se trouve, ainsi doré,
Et par son art agréable
Son œuvre soit decoré.*

*Le peintre, dans son tableau,
Trasse la lineature,
Puys avecques le pinceau
L'enrichist de sa peinture,
D'une et d'autre couleur vifve
Luy donnant forme naïfve.
Si les artizans subtilz
Font de leurs plus fins outilz
Embellir leur gent ouvrage,
Riche d'or et de couleurs,
Pourquoy n'aura mon langage
Son or et ses douces fleurs?*

*Or je ne veux qu'une fable
Des poëtes estrangers,
Ou qu'un stile variable
De ces amours mensongers,
Tombent en ma fantaisie,
Pour farder ma poësie;
C'est en ta race où j'accorde
Les tons parfaits sur ma corde;*

*C'est l'or, ce sont les couleurs
Desquelles maintenant j'use,
Pour enrichir de ma Muse
Les plus coulantes douceurs.*

II

*Qui pourroit aussi chanter
Gloire plus haute et divine,
Et au-dessus attenter
De la race Tierceline?
C'est celle qui fait congnoistre,
Et sus toutes apparoistre,
Comme le plus du bon heur
Gist en l'immortel honneur;
C'est celle dont la proësse,
Et le cueur tant vertueux
Tesmoigne assez la noblesse,
Et grandeur de ses ayeux.*

*Ne donnes-tu, brave Artus,
De cecy le tesmoignage,
Monstrant desjà tes vertus
En la fleur de ton jeune aage?
Mais cette mort envieuse*

Sus la creature heureuse,
Volontiers tousjours défait
Ce qu'elle voyt de parfait :
Las ! je crains que sa main fiere
Envieuse autant sus toy
Que dessus Loys ton frere,
Te paye de mesme loy.

La mort, les longues années
Effacent le souvenir,
Et par fieres destinées
Hastent le temps advenir :
L'homme nonchalant de gloyre
A peu durable memoire ;
Ainsi peu à peu s'efface
L'honneur d'une antique race ;
Mais un noble et hardy cueur
De l'année oublivieuse,
Et de la mort envieuse,
Regnera tousjours vainqueur.

A MONSIEUR TIERCELIN,

ABBÉ D'HERMIERES ET CONSEILLER EN LA COURT
DE PARLEMENT A PARIS.

Onques aucun estat avare
Du peuple grossement barbare
N'ha sçeu tant mes espris mouvoir,
Que mon trop plus ferme courage
Ne se soit ancré davantage
Sus la constance du sçavoyr.

En vain le soudart se travaille
D'acquerir gloyre en la bataille,
En vain le sage est gouverneur,
Donnant loix à la Republique,
Si avecques sa mort inique
Il enterre tout son honneur.

La vertu seule et la science
Peuvent émousser la vengeance

Du couteau par trop inhumain,
Dont la Parque horriblement pâle,
Fille de la Nuit Stygiale,
Tranche le fil du vivre humain.

Voylà, voylà pourquoy je laisse
Ce lourd populaire, et me dresse
En l'air de ce vol nompareil.
Voylà pourquoy je veux ensuyvre
La plume, l'estude et le livre,
Suyvant le beau de ton conseil !

Heureuse mille fois l'année,
Heureuse, heureuse la journée,
Heureux mille fois le moment,
Quand par ta parole benine,
Approuvant la lettre divine,
Tu asseuras mon jugement.

De ceux qui ont en main la plume
Plusieurs ont bien ceste coustume
D'empanner le nom eternel
Des hommes, dont l'honneur notoire
Faict voler luy-mesme sa gloire
D'un traict legerement isnel ;

Et de moy (dont la main heureuse
Peut une flèche industrieuse
D'un arc ivoyrin decocher)
Ne seroit point la docte Muse
Par trop ingratement confuse,
S'el' ne vouloit ton loz toucher?

Ton loz, dy-je, tant manifeste
Que jà par la troupe celeste
Il guide sa divinité,
Et qui par le fruict de son œuvre
Assez à l'œil humain dequeuvre
Le parfaict de son equité.

Certes le palais est louable
(O Senateur inviolable)
Quand l'homme à toy pareil le suyt,
Que ny l'or ardemment avare,
Ny l'espoir d'un present plus rare,
En ses ans oncques n'ha seduit.

Puysse ainsi tousjours l'excellance
Des Tiercelins croistre en la France!
Ainsi un Tahureau sçavant,
Immortalizant telle race,

*Puisse avoir en ses vers la grace
D'un noble et non serf escrivant.*

A MONSEIGNEUR L'EVESQUE DE TERBES,

ANTOINE D'ACHON.

*Maintefoys l'aveugle Fortune
Aux ingratz preste sa faveur,
Et maintefoys elle importune
Ceux qui meritent le bonheur,
Qu'elle aux plus lâches des humains
Depart de ses prodigues mains.*

*Celuy qui n'ha la congnoissance
Combien, dedans tous ces bas lieux,
Ceste maistresse d'inconstance
Faict de tels actes vicieux,
Vrayment on peut dire de luy,
Qu'il est trop plus qu'elle éblouy.*

*Mais or' cette aveugle deesse
A repris l'un de ses deux yeux,
Employant en toy sa largesse,
Et te fortunant de son mieux,
Voyant bien qu'elle departoit
Sa grace à qui la méritoit,*

*Comme à celuy dont la nature,
Ainsi que de son cher enfant,
Avoit dès le laict pris la cure
Pour le rendre un jour triumphant,
En gloire, en loz et en honneurs,
Compagnon des plus grands seigneurs;*

*Celuy dont la divine race,
Admirable à tous noz François,
Peut bien de l'Espagnole audace
Revanger le plus grand des Roys,
H*ENRY*, qui de ton oncle assez
Recongnoist les bienfaictz passez :*

*C'est ton saint André, dont la France
Honore et prise la grandeur;
Ton saint André dont la vaillance
Fait palir mille foys de peur*

Les ennemys, qui de son nom
Entendent bruyre le renom :

Ton saint André, qui ne s'employe
Aux affaires que noblement ;
Et qui, brave, jamais ne ploye
Contre l'ennemy lâchement ;
Qui pour un honorable effort
Ne craint les perilz de la mort.

Un châcun list dedans ta face
Je ne sçay quoy de si parfaict,
Qui te monstre assez de la race
D'un sang si vertueux extrait,
Toy, de qui les honnestes mœurs
Ne s'aveuglent pour les honneurs.

C'est un grand bien que la richesse,
Si flatant elle ne pipoyt,
Et d'une aléchante caresse
Ses possesseurs ne retrompoyt,
Les rendant d'appastz doucereux
Par trop d'eux-mesmes amoureux.

Maint parent de petit lignage,

Et sorty d'un fort pauvre lieu,
Change de race et de langage,
S'estimant quelque demy-dieu,
Et pert tout son meilleur esprit
Soudain que fortune luy rit ;

Si bien qu'il ne veut recongnoistre
Les plus près de sa parenté,
Et moins ceux-là qui l'ont veu naistre
Et se trainer en pauvreté,
Et qui de maint morceau de pain
Ont possible appaisé sa faim.

Tant de ces richesses la pompe,
D'un coustumier aveuglement,
La plus grand' part des hommes trompe,
Leur bandant les yeux doucement,
Faisant croyre au plus imparfaict
Qu'il est de tous le plus parfaict.

Mais toy qui, outre la richesse
Et les grands biens delicieux,
Te peux vanter de la noblesse
De mille et mille tes ayeux,
Et d'un tige trop plus hautain

Que celuy qui naist si soudain ;

Si est-ce que ta fantasie
Pour tes grandeurs ne se deçoyt,
Ains ton honneste courtoisie
Un châcun doucement reçoyt
De-ceux là qui meritent bien
Estre foictz dignes d'un tel bien.

Fortune ne s'est point deçeue
T'ayant si doucement traité,
Lors que, par miracle, la veue
Luy fut rendue d'un costé,
Et vrayment ne se trompera
Tandis qu'elle te cherira.

Car ta jeune, ains sage hautesse,
Sçait user du sien noblement,
Et favorise la jeunesse
Qui veut travailler doctement
A peindre aux François desormais
Un renom qui ne meurt jamais.

Mais je diray (si la Déesse,
Qui t'ha desjà veu d'un bon œil,

Te faisant encores largesse
De son plus liberal accueil
Te donne un chapeau precieux),
Qu'elle verra de ses deux yeux.

CONTRE QUELQUES-UNS

QUI LE BLAMOYENT DE SUYVRE LA POESIE.

D'où vient cela que l'envieuse rage,
Qui les cueurs ronge, entreprend de blâmer
Mes ans oisifz ; et les vers, un ouvrage
D'un pauvre esprit et paresseux nommer ?

En m'accusant que je ne suy la trace,
Estant dispost, de mes nobles ayeux,
Qui ont conquis par la poudreuse place,
Et par le sang, maint loyer vertueux ?

Ou bien pourquoy me reprend-elle d'estre
Si peu soigneux d'estudier la Loy,
Pour l'aller vendre au Palais, qui faict naistre
Un bruit confuz et mercenaire abboy ?

Telle entreprise en vain tant estimée
Ne fuit de mort les accidents divers ;

Mais j'auray bien une autre renommée,
Dont je vivray sans fin en l'univers.

Pindare vit, et du divin Orace
Encore n'est aboly le renom,
Et ne mourra jamays la haute grace
Du Mantoüan, celebre par son nom.

Qui priseroit d'Achille la vaillance,
Si le Poëte aveugle n'eust tranché
L'aisle envieuse à l'endormy silence,
Dessoubz laquelle il fust sans luy caché?

Qui nous feroit admirer la sagesse,
Le tant divin et prévoyant esprit
Du caut Ulisse, honoré par la Grece,
S'il n'estoit veu depeinct au mesme escrit?

Pendant qu'Amour d'une fleche dorée
De la jeunesse enflammera les cueurs,
Des amoureux la plume enamourée
Vivra tousjours entre cent mille honneurs.

Du vieil Ennie et de Vare, sans cesse
Le grand renom immortel se dira,

Et les beaux vers de ce hautain Lucrece
Lors periront quand ce Tout perira.

Le stile aussi du doux-coulant Ovide,
Tant doucement par nombres-mesuré,
Jamais de gloire et los ne sera vide,
Contre le heurt de tout temps asseuré.

De quoy le Loyr? de quoy s'enfle la Loyre,
Sinon du bruyt debordant en tous lieux
De son Ronsard et du Bellay, sa gloire,
Pour les porter d'icy là haut aux cieux?

Doncques, pourquoy ne pourray-je bien estre
L'honneur du Meine et de Sarte nommé,
Pour avoir un des premiers fait congnoistre
En ce lieu-là le luc bien animé?

Que tous les Roys et leur gloyre ettofée
Cedent adonc aux hommes bien disans,
Dont les écriz leur haussent un trophée
Pour se vanger du long oubly des ans.

Que l'ignorant prise la chose basse;
Mais le mary des Muses, bien appris,

*Aura tousjours cette hautaine grace,
Qu'il ne voudra que celle de grand prix.*

*Quant est de moy, rien plus je ne souhete
Que d'Apollon me voyr favoriser,
Et pour me voyr son excellent poëte,
Pouvoir de l'eau d'Elicon épuiser ;*

*A celle fin qu'une belle couronne
Ceigne mon front de laurier couronné,
Et que l'honneur qu'aux beaux écriz on donne
Soit quelquefois à mon livre donné.*

*Pendant qu'on vit, la pâlissante envie
Des bons espris aboye le renom ;
Mais tost après, se finissant la vie,
On leur voyt rendre un perdurable nom.*

*J'espère bien, mesmes après l'audace
Et de la mort et du temps oublieux,
Que mes écris gaigneront quelque place,
Maugré l'abboy de ces chiens envieux.*

CONTRE EUX-MESMES.

*Paissez-vous d'une envie pâle,
Paissez-vous, traistres, gloutement;
Comme du chien la gueule sale
Se paist de son vomissement.*

CONTRE LES CALUMNIATEURS.

*Si par vous, oiseux raillards,
Ma jeunesse est déprisée,
Croyez que vos sotz broquards
Me serviront de risée.*

CONTRE UN CAMUS

IMPORTUN CALUMNIATEUR DES ÉCRIZ D'AUTRUY.

*On m'ha dit que tu veux reprendre
Un châcun à ton appetit;*

Pauvre sot ! tu ne peux entendre
Que tu as le nez trop petit.

DE RABELAYS,

PRIS DU LATIN DE BEZE.

Puisqu'il surpasse en riant
Ceux qui à bon esciant
Traictent choses d'importance ;
Combien sera-t-il plus grand
(Je te pry, di-moy) s'il prend
Un œuvre de consequence ?

DE LUY-MESME TRESPASSÉ.

Ce docte nez, Rabelays, qui piquoit
Les plus piquans, dort soubz la lame icy,
Et de ceux mesme en mourant se moquoit
Qui de sa mort prenoyent quelque soucy.

D'UN LIVRE

ASSÉS PLAIN DE BEAUX MOZ, MAIS VUIDE DE GRANDES INVENTIONS.

Ce Livre est beau, gracieux et benin,
Propre, elegant; mais certes sans venin.

DE B. TIERCELIN,

ABBÉ DES CHASTELIERS,

ET DE BERNARD DU GARDIEU,

SEIGNEUR DE SALLETTES, AUTREFOIS SON PRECEPTEUR.

Tous deux vrayment vous avez eu cet heur
D'un bon disciple et d'un bon precepteur.

A MADEMOISELLE
YSABEAU D'AUTEVILLE.

Si j'ay dit à bon droit ta sçavante Princesse,
Des vierges d'Elicon la diziesme Deesse,
Puisqu'en perfection les plus belles tu passes,
Pourquoy ne seras-tu la quatriesme des Graces?

A P. DE RONSARD.

Cette amour trop grande à soy-mesme,
Troublant les yeux de noz espriz,
Et flatant de douceur extresme
De noz poetes les mieux appris,
Ne deçoyt point tant ton courage,
L'abusant ainsi follement,
Que tu ne la trompes, plus sage,
D'un meur et rassis jugement.

Jugement, dy-je, dont l'estime
De ses yeux clerement ouvers
Ha mis le dernier trait de lime
Dessus l'ouvrage de mes vers.
Tousjours ma Muse balancée
Alloit deçà, delà tournant,
Et presque au vol toute élancée
Doubteux je l'alloy retenant.

*Mais depuis que, par l'assurance
D'un tant bon jugement, as fait
Qu'elle ha eu vraye congnoissance
Et d'elle et de son plus parfait,
Mettant bas sa couharde crainte,
D'un son bravement furieux,
Elle entonne en la troupe sainte
Les nerfz du luc harmonieux.

D'estre loué par les Provinces,
Voyre et d'avoyr bien quelquefoys
Peu resjouyr des plus grands Princes
L'oreille au doux bruit de ma voix,
N'est pas cela qui me contente ;
Et, pour ravir maint amoureux,
Admirant celle que je vante,
Je ne m'estime pas heureux.

Avoyr contenté ton oreille
(Oreille qu'on ne deçoyt point
Par la piperesse merveille,
Qui la gloire des hommes oingt)
Est cela seul qui fait ma face
Sans rougir eslever en haut,
Et qui fera des Roys la race,*

Ardre dedans mon cueur plus chaut !

Par toy, m'assurant de la guide
Qui me conduit tout droit au bort,
Où l'eau de l'aislé cheval ride,
Vangeant ses beuveurs de la mort,
Jusqu'au mont d'Elicon qu'elle orne,
Suyvant tes pas je traceray,
Et pour combler ma riche corne
Maintes fleurs j'y amasseray.

A LUY-MESMES.

Si tu entendz quelquefoys
Le fredon de ma guitayre,
O l'honneur du Vandomois,
Vouloir ton luc contrefaire ;
Si je suis picqué de l'heur
Dont nostre France t'adore,
Je ne te rends que l'honneur
Dont il faut que je t'honore.

Où pourroy-je aussi vouloyr
Prendre assurance plus forte
Qu'en toy, qui as eu pouvoyr
D'ouvrir aux François la porte
D'un Paradis qui est tel,
Qu'il soupire la memoyre
De nostre nom immortel,
Saint loyer de nostre gloyre?

Et bien que j'eusse failly,
En la verdeur de mon age,
D'avoyr si tost assailly
Le haut fruit d'un tel ouvrage,
Si est-ce qu'à mon honneur
Retournera telle faute,
Puisque j'ay eu si grand cueur
En une chose tant haute.

A PIERRE DE PASCAL,

ET AUX DIEUX, EN SA FAVEUR.

Yô, quelle fureur, quelle fureur divine,
Bouillonnante au profond de ma creuse poitrine,

Et qui, par tout mon corps se venant écouler,
Dérobe à mes poumons la force de parler ?
Qui, peu à peu rempant d'une secrette flamme,
Affole doucement le plus doux de mon ame ?
Yō, je prevoy bien qu'il me faut enfanter
De grandz misteres saintz, pour mieux et mieux chanter
L'honneur des demi-dieux, le plus avant en grace
De tous ceux-là qui font la court au saint Parnasse :
C'est toy, mon cher amy, c'est toy, mon cher Pascal,
Qui d'un neu Delien, si doucement fatal,
Me contrains doucement de ma voix plus hardie
D'adoucir ces beaux vers qu'ores je te dedie,
Ces vers qui dureront maugré noz blasonneurs
Cependant que le ciel, brave de tes honneurs,
Espandra les tresors (grand miracle du monde)
Les tant riches tresors de ta riche faconde ;
Si riche qu'elle ha peu tenir en toy béant
Le Senat de Venise à tes raisons ployant ;
Quand d'un front admirable, en la grave presence
De ces doctes vieillardz, armé d'une assurance,
Icy coulant le miel de ton parler plus doux
Et là le fiel amer de ton juste courroux,
Des nobles Mauleons tu dépeignoys la race,
Oignant de cent douceurs leur immortelle grace ;
Puis, soudain aigrissant d'une brave fureur,

Tu faisoys voir à l'œil la sacrilège horreur
Des infames meurtriers qui, par rage aveuglante,
Qui, troublez, furieux, d'une œillade sanglante,
Avoyent, helas! rougi leur trop cruelle main
Au sang des Mauleons (crime trop inhumain)!
O inhumain Roger! autheur de cette offence,
O Roger inhumain! bourreau de l'innocence,
Pouvois-tu bien souffrir, di, meurtrier furieux,
Pouvois-tu bien souffrir de voir devant tes yeux
Ce jeune Mauleon d'une tant noble race
Si miserablement ensanglanter la place,
Et ses loyaux servans d'un cueur mort et transy
A jointes mains crier à tes deux pieds mercy,
Et desirans plus tost pour eux la mort élire
Que si bourellement voir leur cher maistre occire?
Di donq, homme perdu, di, pouvois-tu bien voyr
Tant de piteux effets, sans ton cueur émouvoyr
Autrement à pitié et sans flechir la rage
Qui tant felonnement bouilloyt dans ton courage!
Non, non, méchant meurtrier! ny un grand lac de pleurs,
Ny sanglotz, ny souspirs, ny cent mille clameurs
Ont amolli ton cueur, que d'une main bourelle,
Horriblant du profond de ton ame cruelle,
Tu n'ayes sanglanté, miserable bourreau,
Par mille et mille coups, le fil de ton couteau

Dans ces trois corps chetifs, à qui, gisans à terre
Tous mortz, plus que devant tu refaisoys la guerre!
Ton poil s'en herissoyt, et ta bouche d'horreur
Des deux costez jettoyt une laide fureur :
Tout ainsi que l'on voyt la tigresse felonne
Ecumer, quand plus fort la rage l'époinçonne.
Et parmy ce forfait, par cent foys empourprée
Tu voïoys degouter ta distilante espée;
Et ce pendant ton œil affamé se paissoit
De voyr obstinément le lieu qui rougissoit
Tout à l'entour de ceux desquels ta main meurdriere
Avoit tiré de sang une large riviere!
Mais, mais, Muse, hola! ne souille plus ton chant
Au mal-heureux forfait de ce meurtrier méchant,
Qui me fait égarer du loz que sus ma lire
J'avois de mon Pascal avant-pensé de dire.
Retourne donq, m'amie, en ton premier chemin,
Et recherche le but de mon Pascal divin,
De mon divin Pascal, qui par la docte troupe
Paroist, comme l'on voyt sur la plus haute croupe
D'un grand mont, s'élever un grand roc, menassant
Le petit ruisselet qui se va tapissant,
Bruyant d'un doux murmure, au pied de la montaigne.
C'est luy qui, nonobstant sa grandeur, ne dédaigne
De lire et d'aprouver le jeune enfantement

Que sus mon foible luc j'entonne bassement;
Autant que si d'un son plus superbement brave,
Je le faisoys entendre en mon age plus grave.
Il n'est point de ceux-là qui gardent au dedans
Les envieux appastz sans cesse remordans.
Il ne s'embourbe point dans la jalouze fange
Qui souille des sçavans la plus nette louange;
Et jamays, s'alliant auecques les flateurs,
Il n'alla déguisant mille propos menteurs;
Ny jamais pour un pris vilement mercenaire
Il ne traça les pas de l'inconstant vulgaire.
Mais les destins, jaloux sus les hommes mieux nés,
Desastrant leur bonheur d'ennuiz infortunez,
D'un procès qui le tient presque tout en servage
Accablent le repos du plus doux de son age.
C'est luy, Muse, qui peut de son divin parler
Faire les Dieux d'en haut icy bas devaler,
Et qui de la douceur qu'il anime en sa bouche
Peut bien à soy ravir la plus terrestre souche.
Mais comment soufrez-vous, dictes, ô Dieux puissans!
Que les larrons discordz des procès blémissans
Nous desrobent ainsi le mieux de nostre France,
Sans user envers eux autrement de vengeance?
Voudriez-vous bien souffrir qu'une telle fureur
Fist encor mon Pascal refrissonner de peur,

Et encore un long tems de ses Muses distraire
Pour s'embrouiller au bruit d'un palais populaire ?
Assemblez vostre chœur, et tous d'un saint accord
Faictes-le demeurer vainqueur sus ce discord.
Toy, le plus souverain, Dieu, des-grands-Dieux le pere,
Monstre-luy ta faveur aux justes coustumière,
Monstre-luy donq soudain et voy qui pourroit mieux
Que luy te rechanter le grand maistre des cieux ?
Qui pourroit mieux que luy faire esclater ton foudre,
Quand on l'entend par l'air horriblement descoudre ?
Ou peindre hautement ta grave majesté,
Quand ton estomac plein d'une sainte equité
(Tous les Dieux assistans), par ta bouche balance
Aux bons et aux mauvais une juste sentence ?
Quand tu fais d'un regard terriblement flambant
Tout le trosne trembler, à tes pieds se courbant ?
Comme l'on te doit craindre et quelle reverence
Nous devons tous porter à ta supréme essence !
Et toy, du firmament emperiere, Junon,
Qui pourroit mieux que luy haut-louër ton renom ?
Et comme par trois fois en t'invoquant, Lucine,
Tu soulages le mal de la femme en gesine !
Puis comme sans douleur tu luy fais doucement
Voir le fruict desiré de son enfantement !
Comme tu vas liant d'un très-chaste courage

L'homme avecques la femme au sacré mariage !
Qui pourroit mieux que luy tes ornementz chanter,
Tes precieux joyaux, tes chers tresors vanter,
Tes superbes palais, tes maisons sumptueuses,
Tes grandz temples flambans de richesses pompeuses?
Preste-luy donq, Junon, preste-luy donq ta voix,
Et le delivre tost des importuns aboys
D'un tas de clabaudeurs ; ainsi sois-tu sans cesse
Par luy dicte du ciel la premiere Princesse !
Qui pourra mieux que luy descrire le sçavoir
De toy, sage Pallas ? Qui pourra faire voir
Mieux que luy ta fureur, quand bravement felonne
Aux guerres on te sent une horible Bellonne ?
Ou dire le parfaict de ton doigt Minervin,
Quand, traçant à l'aiguille un ouvrage divin,
Tu fais sembler à l'œil que la nature vifve
Se patronne elle-mesme en ta toille naïfve ?
Sois donq toute pour luy, et, le tirant d'émoy,
Oblige sa main docte à travailler pour toy.
Et toy, belle Deesse en Cithere adorée,
Venus aux rians yeux, à la tresse dorée,
Au front large et poly, aux deux beaux petits arcz,
D'un petit filet noyr descochant mille dardz,
Au nez blanc et traitif, à la bouche vermeille,
A la joüe, au beau teint de la rose pareille,

A la gorge douillette, au menton fosselu,
Au sein plus blanc que neige, au teton poumelu,
Au corsage divin, à la main ivoyrine,
Au ventre doucelet, à la cuisse marbrine,
Au petit (ha mignarde!-ha, Muse, il ne faut pas
Toucher l'endroit qui donne un millier de trépas!),
A la jambe greslette, à la greve naïfve,
Au petit pied glissant de démarche lassive,
Voudrois-tu bien laisser celuy là qui peut bien
Faire, non seulement au sejour Paphien,
En Cipre, ou en Cithere, ainçois par tout le monde,
Adorer tes beaux yeux et ta perruque blonde?
Cettuy-là qui peut mieux te redonner encor
Que ton aymé Paris la riche pomme d'or?
Cettuy-là qui te peut peindre encores plus belle
Que le pinceau divin de l'excellent Appelle?
Et qui peut bien aussi, s'il ne t'offense point,
Chanter le doux tourment et l'ennuy qui t'a poingt
De ton bel Adonis et la mignarde grace
Qui si mignardement joüoyt dessus sa face?
Comment tu le sentois foiblement soupirant,
L'halenant d'un baiser, sus ta bouche mourant;
Et puis comment tu vins, helas! d'une autre sorte,
Hé! pleurer à bon droit sus sa poitrine morte;
Celuy qui te peut bien vanger du tort honteux

*Que ce Vulcan jaloux, ce moquable boiteux,
T'apresta, se souïllant luy-mesme d'un diffame,
Qu'il fist trop follement retourner sus son blasme.
Et toy, Mars, dieu guerrier, veux-tu qu'en toutes partz
L'on revere l'honneur de tes vaillants soudartz?
Veux-tu voir foudroyer d'une sanglante guerre
De grandz coups furieux l'horreur de ton tonnerre?
Veux-tu mille squadrons soubz ta main assembler,
Qui facent rocs et bois, ciel, mer, terre trembler?
Veux-tu faire parler de ta haute vaillance?
Veux-tu que l'on te craigne et qu'on doubte ta lance?
Favorise Pascal, et tu verras allors
Comme il ira chantant tes plus braves effortz,
Et par luy tes soudartz bouillans de la victoire
Charger tes fiers posteaux de trophées de gloire.
Et toy, Cyllenien, des Dieux subtil heraut,
Mercure aux piedz æslez, tout l'honneur de là haut,
Veux-tu faire nommer ta verge enchanteresse?
Veux-tu faire assembler une grand'tourbe épaisse
Et d'hommes et de dieux, qui tous ravis oyront
Les doux motz qui de toy doucement couleront?
Vien de ton cher Pascal la juste cause entendre,
Et devant tous les Dieux sainctement la deffendre;
De ton mignon Pascal, à qui dès le berceau
Tu vins de ton tresor prodiguer le plus beau :*

C'est le Nectar sucré de ta parole douce,
Par qui des écoutans tous les sens il destrousse,
Par qui d'un beau parler fluidement hautain
Il fait honte au plus doux du bien dire Romain.
Et toy, Semelien, qui dans tes tasses pleines
D'un bon vin écumant charmes noz tristes peines,
Et que tout bon Poëte est tousjours coustumier,
Ainsi que je debvoy, d'invoquer le premier,
Viens rire à mon Pascal, si tu veux qu'on t'honore
Aux Indes comme Roy, si tu veux qu'on adore
Tes misteres sacrez et le secret divin
Que nous trouvons caché dans la douceur du vin ;
Ainsi plus que jamais ceux qui blasment ta feste
Auront mille frayeurs dedans leur fole teste,
Et comme un fol Panthée horriblement troublé
Ilz cuideront au ciel voir le Souleil doublé !
Ainsi nous te ferons de grandz festes annales
Gayëment celebrant tes saintes Bacchanales,
Trop mieux que ne faisoyent tes subgects anciens
De trois ans en trois ans en leurs vœuz Orgiens.
Nous ferons, librement cottissans sus la terre,
Pesle mesle choquer noz lances de lierre,
Et de ton gay bruvage échauffant noz cerveaux,
Nous te celebrerons par mille jeux nouveaux.
Et vous tous, autres Dieux, ô bien-heureuse race,

Qui d'un lustre flambant en vostre clere face
Dorez vostre sejour, venez tous orendroit,
Pilliers de l'equité, soustenir son bon droit.
Ainsi, plus que jamais, tous les peuples par bandes
Vous viendront à la foule apporter leurs offrandes,
Ornant de riches dons voz superbes autelz,
Tant il exaltera voz saintz noms immortelz !
Et vous, mignardes Sœurs, qui dessoubz la cadance
D'Apollon aux beaux crins mesurez vostre dance,
Qui, dessoubz la fraicheur des plus gays arbrisseaux,
Auprès du cours bruyant des Pegazins ruisseaux
Allez refredonnant de voz mains non oisives
Des hommes vertueux les gloires tousjours vifves,
Ne vous amusez tant, belles, à vostre bal
Que vous ne jectez l'œil quelquefois sus Pascal,
Vostre Pascal, qui tint dès sa plus tendre enfance
Pour vous, non seulement en nostre docte France,
Ains qui, maugré l'effort de tous voz envieux,
A semé tout ce rond de voz noms glorieux,
Et qui, maugré l'abboy de leur fole querelle,
Publira vostre gloyre à jamais immortelle !
Allez encore un coup, Mignardes, dans la Mer,
Voir les flots aboyans grossement écumer,
Et les ondes tranchant, r'appellez vostre mere,
Qui vous reguidera par devers vostre pere;

Menez vostre Appollon, qui paistra tous les Dieux,
Chatouillant de ses doys un chant melodieux,
Qui sus les nerfs parlans de sa lire dorée
Dira de mon Pascal la louange honnorée.
D'autre costé Pascal, de sa plus docte voix,
Dira ses beaux cheveux, son arc et son carquois,
Comme il chasse soudain la pâle maladie
De ceux qui vont trainant leur languissante vie.
Allez, race divine, et monstrez-luy comment
Vostre divin Pascal, que tant heureusement
Il a tousjours chery, sent ores la tempeste
D'un affaire brouillé, qui tourne dans sa teste
Mille soucis mordans, que ces procès luy brassent,
Et tout le plus naïf de ses graces effacent.
Il me semble desjà, desjà, que j'apperçoy
Vostre grand Juppiter qui s'arreste tout coy,
Enchanté des accents de la douce harangue,
Qui coule doucement de vostre molle langue.
Je le voy tout surpris frissonner jusqu'au cueur,
Je le voy comme il fait vostre Pascal vainqueur,
Je le voy commander aux hommes de justice,
Qui de ce monde bas regissent la police,
De luy garder son droit : Yô ! Yô ! je voy
Mon Pascal qui de loing, joyeux, accourt à moy.
Comme tout ravy d'aise, il me serre, il m'embrasse !

Et comme il rend aux dieux une immortelle grace
D'avoir d'autour de luy ce procès élongné,
Qu'à bon droit aujourd'huy par eux il a gaigné!
Je le voy retourner faire mille caresses
Aux neuf Sœurs d'Elicon, neuf divines Deesses ;
Je voy les mieux aymés de ces mignardes Sœurs
Leurs chambres parsemer de mille et mille fleurs ;
Je voy comme un châcun ses richesses déploye,
Je voy comme un châcun fait, en signe de joye,
Un chant pour mon Pascal, et mon Pascal aussi
Chasse bien loing de soy tout ce passé soucy.
Je voy, je voy desjà près des belles fontaines
S'assembler les beautez des nimphes Tholozaines ;
Je les voy, ce me semble, aux bords des cleres eaux
Tortiller de leurs doys mille odorans chapeaux
De fleurettes d'eslite, et toutes faisans feste
A Pascal, à l'envy luy en couvrir la teste.
Vi donques, mon Pascal, bien-heureux ce pendant
Que cet Amour felon de son trait plus mordant
Creusera ma poitrine : hé ! le cruel conspire
Desjà de me tirer vers celle que j'admire !

A MONSIEUR DE SAINGELAYS.

*Celuy, Mellin, qui souhete
D'estre estimé bon Poëte,
Il ne faut tant seulement
Qu'il masque de l'ornement
D'une mensonge notable
Sa matiere variable ;
Les poëmes plus parfaictz
Doivent ressembler aux traitz
Du bon peintre, qui prend cure
De rendre au vif la nature.
Que sert au peintre, s'il faut
Sus l'art couvrir son deffaut,
Quand tous les portraits qu'il trace
N'ont air, ni aucune grace?
Et encor que son pinceau,
Pour mieux farder son tableau,
Ne se monstre jamais chiche
De la couleur la plus riche,
Si est ce qu'il ne faict rien,
Si sa main n'en ouvre bien,
Et si son pourtrait ensemble*

N'est riche et qu'il ne ressemble.
Aussi n'est-ce pas assez
D'un tas d'écriz ramassez
De ces antiques merveilles
Nous étonner les oreilles,
Si cela qu'on entreprend,
Ou soit de bas, ou de grand,
Heureusement ne se traite
Par le labeur du poëte.
Mille aujourd'huy nous font voyr
Leur trop indocte sçavoyr,
Cuidans se rendre admirables
Soubz l'ombre d'un tas de fables,
Dont par trop confusément,
Sans ordre et sans jugement,
Sans fin leurs vers ilz remplissent ;
Leurs vers, qui rudes languissent
Sans nerfz, sans force et sans art,
Et qui, sans avoir égard
Aux personnes qu'ilz écrivent,
Tousjours pauvres ilz ensuivent
Un trait et une façon,
Et d'une mesme chanson
Bien mille foys rechantée,
Ou des autres empruntée,

*Ils pensent gaigner le pris
Dessus les mieux nez espriz.
Heureux celuy qui peut plaire
Non au plus gros populaire,
Non à ces admirateurs
De telz égarez autheurs,
Traitant la chose incongnue
D'eux mesmes non entendüe,
Mais à un sain jugement,
Mais à ceux qui nettement
Peuvent rechercher la grace
D'un écrit de bonne race!
Tousjours, Mellin, tu as eu
(Et certes il t'est bien deu)
Ce bien-heureux avantage,
Que de ravir le courage
Et de gaigner la faveur
D'un châcun par ta douceur.
Les Parnasides Déesses,
Les Princes et les Princesses,
Et les plus doctes François,
Mesme la grandeur des Rois,
Ta docte plume dorée
Ont à bon droit adorée,
Et sans cesse adoreront*

Ceux qui tes beaux vers liront ;
Mais ton esprit ne s'amuse
Tant seulement à la Muse,
La Muse, qui pour un temps
Nous sert d'un doux passetemps.
Tu employes bien tes heures
A des estudes plus meures,
Et ton esprit est vestu
De bien plus rare vertu.
Rien des lettres plus divines,
Rien des plus graves doctrines
Ne te fuit, ny des segrez
Des vieux Latins ou des Grez.
Trop et trop heureux j'estime
Le bas nombre de ma rime
De t'avoir pleu et, par toy,
Rencontré chez nostre Roy
Cette favorable grace
De n'estre en la moindre place.
Mais puissay-je à l'advenir
Comme toy mieux parvenir,
Quittant les tendres jeunesses
De ces neuf jeunes Déesses !

DE CL. DE BAUFFREMONT,

NEPVEU DE MONSEIGNEUR LE CARDINAL DE GIVRY.

Je ne sçauroy te forger sus l'enclume
Un brave ouvrage en mille traitz divers;
Mais seulement je te peux de ma plume
Pourtraire au vif et peindre de mes vers.

Si je pouvoys t'offrir present plus riche,
Très volontiers j'en seroy le donneur,
Le consacrant de cueur et main non chiche
Pour en dorer ta divine grandeur.

Mais ce seroyt des plus seches fontaines
Espuiser l'eau, pour en Mer la porter,
Ou bien coupant du boys des basses plaines,
En la forest des branches transporter.

Le stile aussi de ma Muse petite
Trop mieux te plaist qu'un don ambicieux;

La Muse seule est celle qui invite
A bien tenter le haut chemin des cieux.

Je n'eus jamays, pour te louer, envie
De faire voyr la grandeur de ton bien,
Ni les estatz plus braves de la vie,
Lesquelz auprès ta vertu ne sont rien.

Ta vertu donq que Pallas accompaigne,
La fortunant de son parfait sçavoyr,
Est cela seul qui les accords m'enseigne,
Faisant mon pouce en ma lire mouvoir.

A N. DE CHAUMONT.

Les autres chanteront l'effait
D'une main de sang rougissante
Et diront l'ennemy deffait
Fuyant d'une peur pallissante.

Bien que d'Achille furieux
Homere ait empraint la memoyre,

*Et doré d'un trait glorieux
D'Ulisse l'eternelle gloyre,*

*Je ne veux pourtant entonner
Les alarmes de sons lyriques,
Et moins encor refredonner
Les chantz des poëtes antiques.*

*Je veux dessus mon luc doré
Faire sonner telle harmonie,
Que rendant ton nom honoré
El' mesme se rende infinie.*

*Pourquoy changeroy-je mes vers,
Et le naturel de ma rime,
Empruntant en autheurs divers
De l'un ou de l'autre l'estime?*

*J'ay devant moy, sans mandier
D'une bataille ou d'un poëte,
Un à qui tout me dédier,
Et mes loüanges, je souhete.*

*C'est toy, amy, qui voudras bien
Quelquefois t'amuser à lire,*

*Approuvant cet ouvrage mien,
Et le foible chant de ma lire.*

*C'est toy dont le sçavoir est tel,
Qu'il peut, sans d'autruy l'écriture,
Hausser ton beau nom immortel
D'une gloyre qui tousjours dure.*

*Pourquoy veux-je donq animer
Ton nom empraint dedans mon livre,
Te pouvant mieux faire estimer
Toy-mesme d'un eternel vivre?*

*Or sus donq, ma Muse, tais toy,
L'amour t'est beaucoup mieux seante:
Desjà me semble que je voy
Cette Folastre qui m'enchante.*

A JAN ANTOINE DE BAÏF.

Si tu as d'un gay labeur
Couvert du nom de Meline,
Emporté desjà l'honneur
De l'amoureux le plus digne;
Que feras-tu si tu sens,
Par une dame parfaite,
Doucement ravir tes sens
D'une amour non contrefaite?

Mais tu sçais bien autrement
Gouverner les sages Muses,
Et tousjours tendrettement
Aux jeunesses ne t'amuses;
Tu sçais bien comment il faut
De ces amours te distraire,
Et d'un écrit trop plus haut
Aux plus doctes hommes plaire.

Car soit qu'en renouvelant
La Muse Grecque ou Latine,
Un vers doctement coulant
Sorte de ta main divine;
Soit qu'un Mastin envieux,
Foudroyé de ton orage,
A luy-mesmes furieux
Contre luy-mesmes enrage;

Ou soit que d'un vers tout tien
Tu chantes de longue alene
Le ruisseau Pegazien
Sourdant de ton Ypocrene;
Soit que d'un stile plaisant
Aux fables du donnes grace,
Chacun, comme au mieux disant,
Te quitte aisément la place.

Combien de fois élongné
De ce rude populaire
Tes pas m'ont accompaigné
Par maint bosquet solitaire?
Combien avons nous passé
De chaleurs soubs la ramée,
Et tes beaux vers compassé

A ma guiterre animée ?

Ma guiterre qui jadis,
Par ses chansons nompareilles,
Ouvroyt un beau Paradis
Aux plus friandes oreilles ;
Celle qui me séduisoyt
Le cueur des chastes Pucelles,
Sur lequel elle aguisoyt
Mille vives estincelles,

Celle, las ! qu'un sort cruel
Rend maintenant endormie,
Sentant le feu mutuel
Que j'ay par l'œil de m'amie ;
Celle qui ne chante plus
Que de mort, que de tristesse;
Celle dont les nerfz perclus
Se vont privant de liesse !

Helas ! pourroit revenir
Quelque autre saison plus gaye,
Qui m'ostast le souvenir
De ma douce fiere playe ?
Pourroit le soulagement

De ma premiere harmonie
Rafraischir l'embrazement
De ma langueur infinie ?

Non ! non ! je suis destiné
Par ma cruelle Guerriere
De voyr mon jour terminé
Dans l'amoureuse carriere.
Jamais je ne franchiray
Ce rempart qui m'environne :
Hé ! tousjours je languiray
Au sort que le ciel m'ordonne.

Quelquefois tu me verras
Entonner d'une autre sorte,
Et tout ravy chanteras
Ma rime bravement forte ;
Mais je ne peux animer
Maintenant dedans ma bouche,
Que l'amour qui vient limer
Mon cœur d'une vifve touche.

A JAN DE LA PERUSE,

PREMIER TRAGIQ DE LA FRANCE.

J'avois quelquefois entrepris
De tonner l'horreur des alarmes,
Et comment on ravit le prix
Forcenant parmy les gensdarmes ;
Comment le soudart furieux,
Noyr de sueur, de sang, de poudre,
Tempeste et froisse, audacieux,
L'ennemy d'un horrible foudre.

Je m'enroüoy d'un cry plus fort
Que la lire mignardelette,
Cornant le martial effort,
Sugect bien loing de l'amourette ;
Je vomissoy d'un plus haut ton
L'horreur, le massacre, l'orage
Du meurtrier foudroyant canon,
Ronflant d'une grondante rage.

Le brusque cheval hannissoyt,

Rouant par la gendarmerie,
Et brave à l'approcher, froissoyt
Les bandes de l'enfanterie;
Deux camps pesle mesle brouillez
Se chargeoyent d'une horrible audace,
Découvrans leurs harnois souillez
Du sang des gisans par la place.

Le capitaine et le soudart,
Déployans leur force incroyable,
Courageux, gaignoyent le rampart,
Au choc d'un assaut effroyable.
Jà desjà le François vainqueur,
Terrassant l'Espagnole gloyre,
Doubloit la force de son cœur
Bouillant de si belle victoire.

Mais je racle tout ce project;
Maintenant je quitte les armes,
Helas! fatalement subgect
A de plus piteuses alarmes.
Helas! mon amoureux papier
Ne veut plus souffrir que des plaintes,
Et meurt s'il se voyt essuyer
De mes trop ploureuses complaintes!

Et bien que cest Archerot nu
N'eust faussé ma Muse guerriere,
Et j'eusse auparavant congnu
Ta fureur si bravement fiere,
Onques ma main n'eust entonné
Dessus ma trop foible guiterre
Ce tragique Dieu forcené,
Brulant des horreurs de la guerre.

C'est à toy, Peruse, qu'il faut
Tonner d'une voix si hardie,
Et d'un cor superbement haut
Horribler sus la Tragedie !
Par toy tous noz peuples béans,
Et ravis de ta brave vene,
Congnoistront les faictz Medeans
R'enfantez de ta docte halene.

Certes la France, au temps passé,
Languissoyt soubz une paresse,
Et son renom presque effacé
Alloyt mourir, sans la jeunesse,
Qui, pour sa gloyre travaillant,
Aujourd'huy son lez renouvelle,
Et songneusement est veillant

Pour sa docte langue immortelle.

Heureux sois-tu donq le sejour,
Le beau sejour de nostre France,
Puisque tu ramenes le jour
Contre la nuict de l'ignorance !
France, tu vois de bons espritz
Tous amys-aimez de la Muse,
Mais au rang de tes mieux appris,
Tu peux bien choisir un Peruse !

A ESTIENNE JODELLE,

SE JOUANT SUS SON NOM RETOURNÉ.

Quand tu nasquis en ces bas lieux,
Tous les Dieux et les demi-Dieux,
Et les Deesses plus benines,
Graverent de lettres divines
Dans ton astre bien fortuné :
 Io, le Délien est né !

Tout le Parnassien troupeau
Chantant autour de ton berceau,
Te prevoyant son prestre en France,
Disoyt en l'heur de ta naissance,
Sur ton front desjà couronné :
   Io, le Délien est né !

Les Nimphes des boys et des eaux,
Faunes, Chevrepiedz, Satyreaux,
Les rocs, les antres, les montagnes,
Les prez, les bosquetz, les campagnes,
Ont tous ensemble resonné :
   Io, le Délien est né !

Dès la fleur de tes jeunes ans,
De nos Poëtes les mieux disans,
Ravis, comme d'un autre Ascrée,
De ta docte bouche sacrée,
Ont tous sur leur lire entonné :
   Io, le Délien est né !

Il me semble desjà que j'oy
Rire et chanter avecques moy
Toutes nos plus belles fillettes,
Ayans de gayes violettes

Leur chef espars environné :
Io, le Délien est né !

Ne craignez plus, divins espriz,
Que l'ignorant gaigne le pris
Dessus vostre gloyre immortelle,
Io ! vostre divin Jodelle,
Qui vous estoyt predestiné,
Io ! le Délien est né !

A ANTOINE RENAUT,

DE TRAVARZAY.

Bien qu'un plus hautain sugect
Soit de ton esprit l'obgect,
Et qu'un argument plus brave
Que cecy te plaise mieux,
Estant tousjours curieux
De la science plus grave,

Si est-ce que ton oreille
Prend bien la douce merveille

Des saintz prestres des neuf Sœurs,
Qui d'une coulante grace
Nous alléchent à la trace
Du sucre de leurs douceurs.

Et toy-mesme, qui peux bien,
Dans le chœur Aonien,
Vivre en la plus belle place,
Voudroys-tu laisser l'honneur
Que jà desjà ton bon heur
T'appreste sus le Parnasse?

Fuy plustost la Loy confuse,
Et vien gouverner la Muse
Qui te rit d'un si bon œil,
Qui te prise, qui t'admire,
Et qui ta sçavante lire
Reçoyt d'un si doux acueil!

Donc, amy, ne la deçoy,
Mais heureusement reçoy,
Reçoy la verte couronne
Dont sa liberalité,
Pour ton immortalité,
Ton docte front environne.

*Mais qui pourroit mieux descrire
Que toy le plaisant martire
De l'amour delicieux,
Quand quelque gentille dame
Folatrement nous enflâme
Par le doux feu de ses yeux ?*

*Qui pourroit mieux soubz sa voix
Faire sauteler les bois,
Et tirer par les campagnes
Les Faunes et Satireaux,
Mesmes arrester les eaux,
Et rabaisser les montagnes ?*

*Tant (miracle émerveillable)
Par un écrit admirable
D'un sçavant enchantement,
Tu pourrois rendre ravie
La chose qui est sans vie,
De tes beaux vers l'animant.*

*Je me peux donc bien vanter
Que l'on ne sçauroyt chanter
Une louange plus belle,
Ny homme qui mieux que toy*

Puisse entretenir la Loy
Avec la Muse immortelle.

SONNET A LUY-MESME.

Heureux ceux-là qui, dans les retz surpris
De l'Archerot, filz de la Citherée,
Peuvent donner par leur plume dorée
A leurs moitiez des plus belles le prix !

Et qui, laissans les larmes et les criz,
Tristes tesmoings d'une ame enamourée,
Des plus beaux traitz de leur dame adorée
Font admirer mille divins écriz !

Ainsi ton cœur atteint d'une pucelle
Qui doucement de sa douceur cruelle
Les plus cruelz pourroit mesme donter,

Desjà te fait (heureux de telle atteinte)
Heureusement, par une fureur sainte,
Sus noz François les plus doctes chanter.

A JAN TARON.

Onques d'une indiscrete rage
Souillant des autres le renom,
Je ne médis, pour davantage
Éclercir ma gloyre et mon nom ;
Et onq d'une plume estrangere
Je ne mendiay les faveurs,
Pour voir d'une æsle trop legere
Voler mes empruntez honneurs.

Onques d'une jalouze envie,
Forgeant moy-mesme mon tourment,
Je n'allay troublant de ma vie
Le repos miserablement.
Celuy qui est de la canaille
De ce vulgaire médisant,
Que malheureusement il aille,
S'il veut, les autres méprisant.

Quant est de moy si je me donne
Quelquefoys, pour passer le temps,
Aux Muses à qui j'abandonne

Mon jeune florissant printemps,
Je ne le fay soubz esperance
D'aller foulant les bons espriz,
Qui doctement parmy la France
Epandent leurs nouveaux écris;

Je ne le fay pour apparoistre
Entre-eux un Apollon premier,
Ne me voulant follement paistre
Tousjours d'un si pauvre mestier.
La Muse, quelquefoys contente,
La Muse flate le loysir;
Mais il n'y faut mettre l'attente,
Ni tout le but de son desir.

Au temps passé la poësie
Richement docte fleurissoyt,
Et des plus grands Princes choisie,
Comme sainte les ravissoyt,
Qui d'une grande main ouverte
Empeschoyent bien que leurs sonneurs
Ne fissent vainement la perte
De leurs éternizans labeurs.

Mais où est maintenant le poete,

Où est, je vous pry, l'écrivain,
Tant ayt-il la plume parfaite,
Qui n'aille travaillant en vain?
Il ne peut pas d'une couronne
Se voyr guerdonné seulement,
Si luy-mesme ne se la donne,
Servant encor d'esbattement.

Toutesfois, mon Taron, ne pense
Que je plaigne comme perdu
Tout le temps qu'en ceste jouvence
J'ay pour les Muses dépendu.
Certes l'estude n'est pas vaine
Qui se passe si gayëment,
Et qui pour le fruict de sa peine
Cause un si grand contentement.

Il est ainsi, je le confesse,
Que j'ay voulu les vers choisir
Pour obéyr à ma jeunesse,
Qui s'y baignoit d'un doux plaisir,
Esperant bien tousjours que l'age
Ces mignardises changeroyt,
Et que, d'un plus rassis courage,
De ces erreurs m'eslongneroit.

Puissay-je desormais ensuivre,
Mon Taron, un chemin plus seur,
Et comme toy sagement vivre,
Tentant un plus grave labeur !
Puissions-nous, en tranquille vie,
Désormais faire jugement
Des autres, dont la poësie
Nous desennuira doucement !

A JAQUES DE COTTIER,

Gentilhomme Parisien, Seigneur d'Aulnay.

DE L'HONNESTE LIBERTÉ D'UN POËTE.

Cettuy-là qui dès son enfance,
Jà favorit du ciel benin,
Contrepoisonne le venin
Du noyr danger de l'ignorance,
Et qui, desjà reçeu au bal
Des mignardes Aoniennes,
Toutes de rang, des levres siennes
Les baisant, suce leur coral;

Tel, vrayment, sus le populaire
Peut bien, devant tous, en tous lieux,
Dresser haut le chef glorieux
Digne d'un verdoyant salaire,
Quand, jectant les vices au loing,
Au loing la sottise mondaine,

De la vertu plus souveraine,
Libre, sagement il ha soing.

Il n'éclercist son heritage,
Il n'ipothecque point ses champs
Aux plus pecunieux marchans,
Pour enfler des armes la rage;
Il n'ha jamais le corps vouté
Pour se corrompre en la carriere
D'une course poudreuse et fiere,
Dessus un poulain mal donté.

Le grand dieu du monde liquide
Ne l'ha point fait trembler de peur,
Franchissant d'avare labeur
La vaste mer du Propontide;
Jamays, pour augmenter son bien,
Il ne vomist sa foy parjure,
Et jamais de caute imposture
De l'autruy n'engresse le sien.

Autheur de mille malefices,
Fraudant le droit et la raison,
Il n'embreuvage la poison
Pour crocheter les benefices;

Jamays d'une nouvelle Loy
Au fard de sa langue faussaire,
Il n'ha seduit le populaire,
Scismatizant en nostre foy.

Corrompu de pâle avarice,
Il n'ha menti dans un parquet,
Troublant, bavard, de son caquet
Les droitz de la sainte police.
Jamais, compagnon d'un voleur,
Il n'ha détroussé au passage
Le marchant subgect au dommage
D'un tel calumnieux malheur.

Au sucre d'une menterie
Il n'alleche les grands seigneurs,
Pipez souvent par les honneurs,
Emmïellez de flatterie ;
Alleguant faussement un tort,
Furiant d'horrible vengeance,
A l'humble et chetive innocence
Il ne pourchasse point la mort.

Pensif, triste, il ne thesorise,
Bëant pallement après l'or ;

Mais il fait un plus cher tresor
D'un saint renom qui l'eternize.
Jamays d'un profit usurier
Le souffreteux il ne rançonne,
Et jamais de peur ne frissonne
Pour l'interest d'un seul denier.

L'épi gros de noirceur puante,
Foudré d'orageuse vapeur,
Et le cep faussement trompeur
Par gresle ou par gâle bruyante,
N'ont point dans son cueur allumé
Au fiel d'une jaune colère
Top desesperément amère,
Un soing gloutement affamé.

Ains, fuyant les sottises vaines
De la vulgaire vanité,
Il suyt l'honneste liberté,
Amy des choses plus certaines.
Bien luy plaist l'azur d'un ruisseau
Doré d'un sablonneux rivage,
Et le paisible frais ombrage
D'un verd boucageux arbrisseau.

Une gente cointe Nymphette,
Sans unguent, sans musq et sans fard,
D'un naturel friand regard
Luy darde au cueur mainte amourette,
Et, dressant un beau lict de fleurs
Au bord d'un pré dans la saulaye,
Avec elle il guarist la playe
De ses aigrelettes douleurs.

Puis, bondissant dessus la terre
Aux gays soupirs d'une chanson
Contre-cordante au gentil son
D'un luc, d'un cistre ou de guiterre,
Et rompant ainsi tout rancœur
Contraire aux jeux de la Cyprine,
Il tranche le soing qui mâtine
Les malheureux jusques au cueur.

Prevoyr en vain l'autre journée
Ne luy fait rompre son sommeil,
Et jamays d'un triste reveil
Il ne baaille à la matinée.
Tousjours dispost, tousjours joyeux,
Quelques nouveaux plaisirs il tente,
Laissant le futur qui tourmente

Au destin roulant par les cieux.

*Quelquefois d'une plume heureuse
Il verse un Nectar doux coulant,
Qui va doucement affolant
Les sens d'une oreille amoureuse;
Et pour mieux tromper ses ennuiz,
Le chef tout empampré de joye,
Gaillard, il les plonge et les noye
Au fond de ses plus vineux muiz.*

*Bien luy plaist il souvent d'écrire
Et d'immortalizer le nom
De ceux là qu'il entonne au son
Bruyant sus sa divine lyre;
Et faut qu'un poete ainsi parfait
Soit favorisé de Nature,
Ou bien autrement qu'il s'asseure
N'estre qu'un singe contrefait.*

*Car l'homme né durant un Astre
Borgnoyant Phœbus de travers,
Contreint, ne brouille que des vers
Qui sentent l'air d'un poëtastre.
Je meure si ton Tahureau*

Est tel et s'il ha de coustume,
Pour genner les traitz de sa plume,
D'aller distillant son cerveau.

DE L'HEUR

QUE REÇOIVENT CEUX QUI MEURENT

ENTRE LES BRAZ DE LEUR DAME.

Heureux cent foys, vous, dont la vie
Ne doibt jamais estre ravie
Sans avoyr pour dernier secours
Un embrasser de voz Amours.

O mort, des mortz delicieuse !
O mort, mais plus tost vie heureuse !
Helas ! qu'on ne me trouve ainsi
Au sein de ma Dame transi,

Laquelle en l'odeur de son bâme
Auroyt recueilly de mon ame,

*Avecques la sienne attirant,
Le dernier soupir en mourant!*

*Ainsi la vierge languissante,
La pauvre Ysabelle pleurante,
En baisant vouloyt secourir
Son Zerbin jà prest à mourir;*

*Allors, de ses levres vermeilles,
Suçant les douceurs nompareilles
De sa bouche, par où couloyt
L'esprit qui au sien distilloyt.*

*Ainsi Briseïs, éperdue,
Sus le froid corps toute estendue
De son Achille, lamentoyt,
Que mort encore elle tastoit.*

*Ainsi l'amoureuse pucelle
Thisbe, à soy-mesme trop cruelle,
Alloyt tendrement accollant
Son cher Pyrame tout sanglant.*

*Pourquoy donques une mort telle
Dict-on estre aux Amants cruelle,*

*Les nommans ainsi malheureux
D'un point dont je seroys heureux?*

*O que ma vie infortunée
Est contraire à leur destinée!
Car je meurs, helas! pour n'avoir
De mourir ainsi le pouvoir!*

A JACQUES HOYAU,

Seigneur de Beau-Chesne,

CONTRE LES FOUX DESIRS DES HOMMES.

*Amy, le plus grand heur du monde
N'est pas moins inconstant que l'onde,
Qui en vaguant fuit et refuit;
Le riz de l'aveugle Déesse
Souvent en amere tristesse
Ses plus favorisez conduit.*

*N'est-il donc pas bien miserable
Celuy qui est insatiable*

*D'amonceler l'or dessus l'or,
Ou qui, soûlant son avarice,
L'engoufre (ô trop étrange vice)
Dedans l'abisme d'un tresor?*

*Mal-heureux qui ha telle envie
Ou qui veut consommer sa vie,
Privé de toute liberté ;
Soit qu'esclave il flatte les princes,
Ou que par étranges provinces
De gaigner il soyt tourmenté.*

*Cesse donc chasqu'avare, cesse
De tant embrasser, et delaisse
Toutes ces poignantes douleurs!
Que se peut-il par sa richesse
Aprester, sinon une presse
De brigandz, larrons et volleurs ?*

*Mal-heureux et sot qui veut estre,
Et devant châcun aparoistre
Plein de loüanges et d'honneur,
S'il va travaillant sa pensée
Par ceste fureur insensée,
Mettant en cela son bon-heur.*

Mal-heureux l'homme qui s'amuse
A trop peigner la pauvre Muse,
Laquelle pour contentement
Ne luy laisse en fin qu'une geinne
D'ennuiz, de maux et d'erreurs pleine,
Dedans la prison de tourment.

Mal-heureux l'homme qui s'allie
Aux foux humains en leur folie,
Voulant pour son estat choisir
Une telle vie inconstante,
Dont il ne s'ensuyt qu'une rente
D'un infortuné déplaisir.

Laissons, amy, tel soing extresme,
N'apportant qu'un visage blesme,
A ceux qui en sont curieux ;
Tuons le soucy et la cure
De la chose qui est future,
Secret seul reservé aux dieux.

Sus! du meilleur vin de la cave!
Où est le page qui nous lave
De ce doux parfum odorant?
Ça, Mignarde que j'idolastre,

Tu t'enfuys, petite follastre,
Et tes pas je suys adorant!

Quoy, amy, ne veux-tu point rire?
Ecoute un peu sonner ma lire,
Doux instrument de mon esmoy!
Je te pry, repren cette tasse,
Et boy encore un coup, de grace,
A ceste fuyarde et à moy.

Par ce doux moyen on appaise
Le soing rongeard, et le malaise,
Charmé, dedans les cœurs s'endort.
Rions! aussi bien la richesse,
L'honneur, la mondaine sagesse,
Ne se sauvent point de la mort!

L'AMOUR CHAMPESTRE.

A GUILLAUME BOUCHET, POITEVIN.

« *Pendant que nostre troupeau,*
D'un camard baissé museau,

Broute de cette herbe verte,
Et que noz dogues veillans
Des loups affamez saillans
Rembarrent la gueulle ouverte;

« *Allons, Mignonnette, un peu,*
Allons éteindre le feu
Courant par nostre moëlle;
Allons moderer l'assaut,
Helas! du brandon trop chaut
Qui flambe en nostre cervelle! »

Ainsi le Berger disoyt,
Et tout gaillard attisoyt
Les amours de sa Mignarde,
Lors que la Nimphette au dit
De ce garçon respondit,
Mignotant sa voix tremblarde :

« *Allons donques, mon mignon,*
Allons, mon doux compagnon,
Et suyvant vostre compagne,
Ecartons noz pas tous coys
Dans la fraicheur de ce boys,
Hors de la chaude campagne. »

Le Bergeret tout humain
La soubzleve par la main,
Pour se mettre ensemble en voye ;
La garcette, en le baisant,
D'un bouquet luy fait present,
Lié d'une verte soye.

Elle s'assiet dans un fort,
Et, le saisissant bien fort
Par un des plis de sa robbe,
Le tire jusques en bas,
Puis, l'enlaçant de ses braz,
Mille baisers luy dérobe.

Le soudart s'avance après,
Et, la chargeant de plus près,
Il debusque sa brayette ;
Et, de peur d'estre vaincu,
Il enfonce en son escu
Une poignante sagette.

La garce, au fort du debat,
Courageuse se combat,
Et, portée à la renverse,
Pour un coup qu'elle reçoit,

*L'assaillant s'en apperçoit,
Rendre dix à la traverse.*

*O savoureuse douceur !
O doucereuse saveur !
O viande ambrosienne !
O doux pastoral desir,
Qui va foulant le plaisir
De la bande Elisienne !*

*Là le trop caut amoureux,
Feignant d'estre langoureux,
De fiel n'emmielle sa langue,
Et là le pauvre transy
D'un laborieux soucy
N'amadise sa harangue.*

*Là, le present flamboyant
Dans un anneau blondoyant
D'une pierre precieuse,
La dame ardente ne poingt,
Et l'or n'y affame point
La femme avaricieuse.*

Là, le contrefait maintien,

Là, le pipeur entretien
D'une paillarde rusée,
Ses plaintes, ses pleurs, ses criz,
Ses missives, ses écriz,
N'ont la jeunesse abusée.

Mais d'une plus sainte amour,
En ce champestre sejour
On va bien-heurant sa vie,
Et d'un gay chatouillement
Se mignardans librement
On s'y baigne sans envie.

Ainsi, mon Bouchet, vivons,
Et telles douceurs suyvons
D'une simplette amoureuse,
Plustost que ces faux regardz
Et ces caquetz babillardz
D'une autre plus cauteleuse.

CONTRE LA JALOUSIE.

Cruelle et pâle Jalouzie,
De vertu pudique ennemye,
  Des espriz le tourment,
Tu fais que le mary diffame
Sa chaste et innocente femme,
  La traictant rudement.

Tu le rends ores pis que beste
Quand à la compagnie honneste
  Il ferme sa maison ;
Tu fais qu'à sa femme il machine
De quelque drogue, herbe ou racine
  La mortelle poison.

Tu fais que contre la Nature
Il ait de congnoistre la cure
  Le secret des haux dieux,
Estant d'une ardeur insensée
De lire dedans sa pensée,
  Helas ! trop curieux.

*Le chevreul n'a point tant de peine,
Soyt qu'il entende par la plaine
    Les approchantz aboys,
Ou que le vent qui s'entrelasse
Par les branches vaguer le fasse
    Tout craintif par les boys.

Le chien se troublant au presage
De son âpre et prochaine rage,
    Ne monstre tant d'horreur,
Ou quand d'une langue hideuse,
Desgorgeant sa bave écumeuse,
    Il vomist sa fureur.

Veu qu'un tel mal-heureux se plonge
En un soucy qui tousjours ronge
    Son esprit tourmenté,
Soyt ou que de doubte envieuse,
Ou que par rage furieuse,
    Son mal soit augmenté.

A tel jaloux rien ne peut plaire
Qu'un rapport au vray tout contraire
    De l'honneur innocent,
Quand à la langue envenimée,*

Et trop de mesdire affamée
    Se tromper il consent.

Tous les tourmentz que l'on endure,
Là bas, en la maison obscure,
    Ne seroyent suffisans
Pour luy donner assez de peines,
Non les Furies inhumaines
    De leurs fouëts cuisans !

Pour punir son mal-heur extresme,
Il faut que par son mal-heur mesme
    Ce coupable jaloux,
D'une mordante jalouzie
Se bourelle la fantasie,
    S'enjalouzant de tous.

A GILLES L'HUILLIER,

SEIGNEUR D'URCYNES.

Plustost le chariot que guide
La nuict d'estoylles sera vuide,

*Et plustost le Soleil qui luit,
Au lieu de donner sa lumiere
De nous éclerer coustumiere,
Amenera l'obscure nuict;*

*Et la Mer pleine d'amertume
On verra, contre sa coustume,
Plustost nous adoucir son eau;
L'ame aussi de long temps ravie
R'entrer au corps pour donner vie
Au mort sortant de son tombeau;*

*Que les plumes des vrays Poëtes
En leurs ouvrages soyent muëttes,
Ou que celuy dont le renom
Par leurs escrits s'immortalise,
Des plus vertueux ne se lise,
Prisé d'un pardurable nom.*

*Et bien que peu ma Muse tendre
Par la France encor fasse entendre
Le bruit du luc harmonieux,
Et qu'elle ne cherche la trace,
Ny desrobe l'antique grace
Des Grecz et Latins, noz ayeux;*

Si osay-je bien te promettre
Que l'ardeur qui sort de mon metre
Pourra bien enflamer le cueur
De ceux desquelz la fantasie
S'eschauffe de la poësie,
Bruslante en si douce douceur.

Le feu donques que je t'allume
Avecques le bout de ma plume
Ne s'amortira desormais ;
Ains de mainte vifve estincelle
Entrant dans ta gloyre immortelle
La fera luyre à tout jamais.

Tous autres monumentz avares
Chargez d'or et de pierres rares
Ne te peuvent donner rien tel ;
Seulement la docte écriture,
Le tableau de vive peinture,
Peut garder ton nom immortel.

Je l'ay dict et diray encore,
Que jamais ma langue ne dore
Ceux là qui veulent achepter
Par larges dons leur renommée,

Craignantz une plume animée
A leurs fausses vertuz flatter.

Mais bien je vante la doctrine
Et toute la troupe divine
Qui prise la divinité,
Comme ta sçavante jeunesse,
Qui, jà meure par la sagesse,
S'engrave en l'immortalité.

A C. DE GENNES,

SON FIDELLE AMY.

Onques l'Agamemnonïen
Avec son cœur Piladïen
N'eut amitié tant assurée,
Comme est l'inviolable foy
Qui m'entrelasse avecques toy,
D'amour divinement jurée.

Je suis seur que si la Scythie
Eust congneu la moindre partie

*De ce plus que divin effect
Qui, pour nous mieux unir ensemble,
Les esprits de nous-mesmes emble,
Des deux n'en faisant qu'un parfaict ;*

*Si elle eust congneu les hazardz
Où l'un pour l'autre, en mille partz,
Nous avons prodigué la vie,
Et si elle eust sçeu que l'un mort,
L'autre, encourant un mesme sort,
De vivre n'aura plus envie,*

*Soudain, soudain d'un contreschange
Elle eust oublié la loüange
De leurs Dieux amis honnorez,
Et, laissans Pilade et Oreste,
De maint vœu trop peu manifeste,
Devote ell' nous eust adorez.*

*Dequoy servent les deux metaux,
Autheurs de mille et mille maux,
Peste de tout l'human lignage,
Des loix de Platon ennemis,
Si l'homme, dépourveu d'amis,
Sent la Timonienne rage ?*

*Dequoy sert une antique race,
Dequoy un gouffre qui embrasse
Mille tresors delicieux,
Si, ne voulant à aucun plaire,
Presqu'à soy-mesme on veut desplaire,
Haineusement ambicieux?*

*O que celuy sent de douçeur
Qui faict preuve d'un amy seur!
O allegeance nompareille!
Soit qu'aux soupirs de ses regretz,
Ou qu'en découvrant ses segretz,
Se déchargeant il se conseille.*

*J'en fay certaine experience
Sus nostre immortelle alliance,
Et au parfait de ton esprit,
Dont je dirois le loz extresme,
S'on ne disoit que pour moy-mesme
(Tant ne sommes qu'un) j'eusse escrit!*

CONTRE
UN PERNICIEUX DETRACTEUR,

HOMME MÉCHANT ET ABANDONNÉ A TOUT VICE.

Puissay-je d'un ardent courage
Enflâmer contre toy la rage
Qui d'Archiloq' arma la voix,
Par la fureur de son ïambe,
Contre le mal-heureux Licambe,
Faussant de promesse les loix!

Ma plume tousjours nette et pure,
Craignant d'emporter quelque ordure
De ton infame deshonneur,
Ne s'estoit encor imprimée
Au venin de ta renommée,
Qui monstre envers tous son horreur;

Mais la grandeur de ton blaspheme
Est si horriblement extréme,
Que je n'ay peu aucunement
Apaiser cette tragœdie,
Dont l'audace brave et hardie

Gennera ton cueur de tourment.

Ton cueur dégorge en tant de places
Le fiel haineux de ses fallaces,
Dont il veut châcun offenser;
Ta vie est tant de crimes pleine,
Qu'en la voulant blâmer à peine
J'en peux les moindres recenser;

Bien devoyt estre ta naissance
Soubz la monstrueuse puissance
D'un astre à mal-heur destiné,
Et bien des haux Dieux la colere
Debvoyt aux humains estre amere,
Quand tu fus sus la terre né.

Onques tu n'eus au cœur emprainte
Des Chrestiens la fidelle crainte;
Méprisant le pouvoir des Dieux,
De douceur et de pitié vuide
Tousjours une rage te guide
A faire un acte furieux.

Si les infames Sodomites
Ont senty par leurs demerites

Un foudre horriblement brulant,
Pourquoy la mesme violence
Ne prend ores sus toy vengeance,
Ton corps malheureux accablant?

Celuy qui au sang de son pere
Souilla (ô cruel vitupere!)
D'une ardeur hideuse ses mains,
N'avoyt encores sa pensée,
Tant comme la tienne insensée.
En horreur de faictz inhumains.

La grave fureur Atrïenne
N'égale encores point la tienne,
Veu que sans te voyr offensé,
Aux plus prochains de ton lignage
Tu fais, par un cruel outrage,
Saigner ton despit insensé.

Les chiennes aux crins de couleuvres,
Tousjours furïent en tes œuvres,
Qui d'un venin brulant d'horreur
Jusqu'au fond de tes noyres veines,
Attizent leurs cuisantes peines,
Pour faire bouillir ta fureur.

Tout ce que ton esprit desire,
C'est de voyr quelqu'un en martire,
Ayant le plus de ton plaisir,
Lors que ta langue renouvelle
Par quelque invention cruelle
A l'innocent un déplaisir.

Ceux auxquels ton masqué visage
Encore n'ha monstré la rage
Qui s'empoisonne dans ton cueur,
N'ont point si tost fait alliance
Avecques toy, que ta méchance
Ne leur brasse un nouveau malheur.

Par tous les quatre coings du monde
Je corneray ta vie immonde,
Afin que chacun, par mes chantz,
S'efforce d'eviter la race
Et la trop detestable audace
Du plus insigne des méchantz.

Dieu haut-tonnant, où est ton foudre,
Pour froisser tous ses os en poudre?
O tous les elements divers,
Comment laissez-vous telle peste,

Qui tout l'air de la France empeste,
S'épandre encor en l'univers?

Attendez-vous qu'une Furie,
Prenant sus luy sa seigneurie,
Le fasse étrangler d'un cordeau?
Ou qu'après maint blaspheme horrible,
Il se plonge d'un saut terrible
Du haut d'un rocher dedans l'eau?

Attendez-vous que de luy-mesme,
Punissant son malheur extresme,
Il crève enyvré de poison?
Attendez-vous que son offense
Esprouve plus griefve vengeance
Au fond de la noyre maison?

Je prevoy que ta main cruelle,
Méchant, encontre toy bourrelle,
De tes maux te guerdonnera,
Ou de bref sur toy la justice,
Voyant ton execrable vice,
D'un nouveau tourment usera !

———

A JACQUES DE SAINT FRANÇOYS,

GENTILHOMME DU MEINE, SEIGNEUR DE L'AUNAY.

Onques je n'égalay d'une menteuse bouche
Au plus grand Elephant la plus petite Mousche :
Je n'ay point dit un More autant que neige blanc,
Ne l'ignare debvoyr tenir le premier ranc.
   Je n'ay depeint aussi
   Dedans un cueur transi,
   Lâche tremblant de crainte,
   Une vaillance emprainte.

Amitiez, dons, richesse, honneurs, friande table,
Ne m'ont rendu jamais autre que veritable ;
Aussi ne veux-je point estre chiche d'honneur
A l'homme vertueux, digne d'un si bon heur,
   Fust-il du plus bas lieu,
   Si est-il demy Dieu ;
   Et tout pauvre, il est digne
   D'une gloire divine.

Mais dequoy sert monstrer un millier d'anticailles
De ses predecesseurs, jà pourriz ès entrailles
De nostre mere grand, si l'on est devestu
Du plus brave ornement, de la noble vertu ?
        Mais dequoy sert vanter
        Ses terres, et donter
        Le monde, sans police,
        Fait esclave du vice ?

Mais que sert au méchant depuis le premier age
Par testes dechifrer le sang de son lignage,
Et deguiser le mal soubz pretexte de bien,
Sinon envers ceux-la qui font un tout de rien ?
        Il vaut mieux de peu
        Content, se voir pourveu
        Du tresor de sagesse,
        La perle de noblesse.

Heureux les sots humains, si de leurs braveries
Le vent ne se jouoyt, et si leurs vanteries,
Dont ils veulent monter jusqu'au ciel du soleil,
Ne s'évanouyssoyent aussi tost qu'un tour d'œil.
        Qui ne sçait que la Mort,
        De son aveugle effort,

A fait pareille cendre
De Codre et d'Alexandre?

Contre elle seulement peut élever la teste
Cil qui peut rabaisser des vices la tempeste;
Celuy qui sagement peut soy-mesme donter,
Cettuy-là seul pourra sa darde surmonter;
  Meritant qu'un sonneur
  L'orne d'un tel honneur,
  Que du long temps la rouille
  Par cent mille ans ne souille.

Vrayment tu es heureux d'estre tel, et encore
D'avoyr un tel amy qui tes vertus honore,
Et bien-heureux aussi de n'avoir écarté
Onques d'autour de toy l'honneste liberté,
  Et d'aimer noblement
  Ceux-là, dont sagement
  Tu fais preuve certaine
  D'une amytié non vaine.

Pernicieuse loy qui rompis le lien
De parfaite amytié par un mien et un tien,
Loy miserablement à tous pernicieuse,
Loy sur toutes les loix du bon-heur envieuse;

*Si ne rompras-tu point
Le beau neu qui nous joinct,
Maugré toy, importune,
D'une amytié commune!*

*Tandis qu'un souvenir de moy me retiendra,
Tousjours amy de toy, toujours me souviendra!
Me baisse la Fortune, ou bien me favorise,
Si ne seray-je qu'un en nostre foy promise;
T'ayant devant mes yeux
Pour cil que j'ayme mieux,
Ou pour le moins de mesme
Que je m'ayme moy-mesme!*

SONNET.

A HIEROSME DE LA VAYRIE,

GENTILHOMME DU MEINE, SEIGNEUR DE LA VAUDELLE.

*Si onques je chantay d'un écrit veritable
Les hommes d'icy bas ornez de tout bon heur,
Vien, Caliope, vien me prester ta faveur,*

M'inspirant de ta voix le chant tres-delectable.
C'est ores qu'il me faut de ton son plus aimable
  Chanter et de toy-mesme et de tes sœurs l'honneur,
  Ton Vayrie, qui peut de sa docte douceur
  Sus les poetes Latins se monstrer admirable,
Qui de cent et cent mille autres vertuz comblé
  N'ha jamais peu souffrir voyr son esprit troublé
  De ces grosses erreurs que l'ignorant admire.
Bien heureux donq, livret, heureuz si quelquefois
  Dedans ses doctes mains arriver tu pouvois,
  Et qu'il te fist l'honneur seulement de te lire.

SONNET.

A SALEL TRESPASSÉ,

SUS SES XI ET XII DE L'ILIADE D'HOMERE,

MIS EN LUMIERE APRÈS SA MORT.

Je ne sçauroy vrayement, mon Salel, sus ta cendre,
  Vrayment je ne sçauroy, pallement langoureux,
  M'éclatant en hautz cris, et regrez douloureux,
  Tout en larmes fondant, un déluge y répandre.
Je ne sçauroy d'un vers pitoyablement tendre

Surnommer à grand tort ton destin malheureux,
Quand si heureusement, après ta mort heureux,
Toy-mesme de la mort tout vif te viens defendre.
Cettuy-là soit pleuré qui en mesme moment,
De la mortelle mort navré mortellement,
Perd avecques ses biens, ses faveurs et sa gloire :
Mais toy, qui sans mourir seras tousjours vivant,
Te doibs-je plaindre? Non! car d'un los revivant
Ton Homere ha gaigné sus ta mort la victoyre.

DE JANETTE,

TRES BELLE FILLE ET RUSÉE PAILLARDE.

Petite Jannette,
Lascive garcette,
De jour et de nuict,
Comme sa maistresse,
Son cueur, sa deesse,
Un châcun te suit.

A l'un fais à croyre
Qu'en luy est ta gloyre,
Qu'il est tout ton cueur :
Bref tu le dis estre
Ton Dieu, ton seul maistre,
Et de toy vainqueur ;

Et l'autre, dont l'âme
En t'amour s'enflâme,

De tes yeux surpris ;
Pour nourrir sa rage
Tu pais son courage
D'un traistre souzris.

Mais dans ta pensée
Du gaing insensée,
Regne un fiel de chien ;
Et le plus grand vice
Pour ton avarice
Ne te semble rien.

Tu tires sans cesse
Toute la jeunesse,
Et de jour en jour
T'offre un chascun nice
Son nouveau service
D'un successif tour.

Ta friande mine
Semble tant divine
En ses doux apas,
Qu'après, ta menace
Les premiers en grace
Chasser ne peut pas.

La mere est craintive
Que son filz ne suive
Tes amoureux dardz;
Tu es la complaïnte
Et toute la crainte
Des chiches vieillardz,

Une peur jalouze
Prend la jeune espouse,
Qui d'un cueur marry,
Craint que tu n'abuses,
Par tes fines ruses,
Son nouveau mary.

A NERÉE.

Tu crains, Nerée, en ta vieillesse
De n'avoyr plus chez toy la presse
De ces blondeletz damoyseaux,
De ces folâtres jouvenceaux
Qui te font maintenant homage,
Heureux de vivre en ton servage!

*Mais sçais-tu comment tu feras,
Et jamais tu ne vieilliras?
Gagne à la sueur de ton corps
D'eux ce pendant force tresors,
Pour en faire à d'autres largesse
Qui rajeuniront ta vieillesse.*

D'ELLE-MESME.

*Ne t'ébahis plus si Nerée
Vend si cher maintenant l'amour :
Elle veut avoir, la rusée,
Dequoy l'achepter à son tour.*

A UN AMOUREUX IMPORTUN.

*Tu te plains, pauvre homme transy,
D'une dame qui n'ha mercy
De te voir pour elle en tourment*

Genné si rigoureusement;
Mais toy, quand tu luy fais caresse,
Qui la mectz en telle détresse
Et la fais ahanner de sorte
Qu'elle voudroit presque estre morte,
Si tu luy portes amytié
Aye plustot d'elle pitié.

A UN ROUSSEAU.

Tu te vantes bien aymé,
Tu te vantes estimé
Des dames et damoyselles,
Et des plus belles pucelles;
Aussi, vrayment, tu es beau,
Et un fort mignard Rousseau,
Et sçais bien entre-elles dire
Mille petitz motz pour rire;
Tu sçais de mille presens
D'or et d'anneaux reluisans,
Les éventant à la trace,
Acquerir leur bonne grace;

*Puys tu as encore un point
(Mais il ne se nomme point)
Qui chatouille davantage
De ces Dames le courage.
Bon donq; puysque tu le veux,
Que je te confesse heureux
A faire aux dames caresse,
Vrayment je te le confesse;
Mais que tu sache' autre bien,
Je n'en confesseray rien.*

A LUY-MESME.

Tu t'estimes, brave Rousseau,
Assez gentil et assez beau
Pour aux plus belles dames plaire,
Et sans avoyr en rien affaire,
Comme un tas de petitz muguetz,
De porter au sein des bouquetz,
Ni de te frotter de civette
Tant ta charnure blanche et nette,
Sans tout cela, sçait animer

Les belles dames à t'aymer?
Il est tout vray, tu n'as que faire
D'autres parfums pour les attraire,
Ni pour en estre mieux aymé,
Veu que tu es tout parfumé.

DE DENYS.

Denys le sot, qui se marie,
Se vante riche, aymable et coint.
Je le croy, car la pierrerie
De son nez ne le dement point.

DE LUY-MESME.

On dit qu'à la forme du nez
On congnoist ceux qui sont armez
Le mieux de cette grande tente
Qui les bonnes dames contente.

Vrayment la reigle est mal certaine.
Denys, qui ha une douzaine
De nez flamboyans richement,
N'en ha pas un doyt seulement.

A QUELQUES UNES

QUI AVOYENT MÉDIT DE LUY.

Je suis content d'estre noté
Par vostre babillard langage;
Mais croyez que de mon costé
Je vous marqueray davantage.

A ELLES-MESMES.

Voulez-vous qu'on parle de vous?
Soyez toujours ainsi bavardes;

Je vous feray donner de tous
Le nom d'immortelles paillardes.

DE DENISE.

Cette bonne dame Denise
Dit par serment qu'elle ne prise
Homme s'il n'a de la beauté,
Compagne de l'honnesteté ;
Mais qu'après le plus laid y vienne
Pour se mettre en la grace sienne,
Et qu'il luy garnisse la main,
Denise dira tout soudain
(Et fust-il plus qu'un ladre infait,
Borgne, bossu, tout contrefait,
Et de tous pointz un bon gros veau) :
« Mon Dieu, que ce jeune homme est beau !
Mais, je vous pry ! la bonne grace
Qu'il ha de gestes et de face ! »
Qu'il y vienne un vieillard baveux,
Palle, ridé, tousseux, morveux,
Mais qu'il soit quelque peu paillard :

« Mon Dieu, quel brusque et beau vieillard ! »
Qu'il y vienne un palefrenier,
Un gras souillard, un cuisinier ;
Mais qu'ilz en ayent tous autant,
Pour mieux luy fournir au contant,
O comment Denise dira
Que de leur gresse ce sera
Du musq, du parfum et du bâme !
O combien cette bonne dame
De ces valets dira de bien !
Comment ! ce ne sera plus rien
De leurs maistres, ni des seigneurs
Auprès de ces beaux serviteurs.
Ainsi Denise ne réprouve
Personne, et si jamais ne trouve
(Tant la bonne dame est honneste)
Homme ni laid, ni deshonneste.

CONTRE L'ENVIEUX.

Si tu dis, envieux, qu'on pourroit mieux écrire,
Pour cela suis-je donq indigne de pardon ?

Et si plusieurs aussi font, et toy-mesme, pire,
Pourquoy veux-tu, chetif, dérober de mon nom?

A QUELQUE AMOUREUX

RECOMPENSÉ DE SES SERVICES.

Tu t'es vanté ne perdre rien,
Employant le service tien
Et le meilleur de ta jeunesse
Pour entretenir la deesse
Qui t'ha son esclave rendu;
Aussy n'y as-tu rien perdu.

A UN POETE PRESUMPTUEUX.

Tu mectz des écriz en avant
Pour étonner le plus sçavant;
Tes vers sont enflez de merveilles.

Et de gravitez nompareilles;
Tu as mille beaux et granz motz...
Mais tu ne dis rien à propos.

A UNE DAMOYSELLE

QUI BRULLA LES AMOURS DE J. A. DE BAÏF

Pour le Sonnet : *O doux pleisir*, etc.

Bien que tu sois, Damoiselle,
De bonne grace et fort belle,
Neantmoins ta cruauté
Surpasse bien ta beauté.
Mais, di moy, mais quelle rage
Troubla ton mignard courage?
Mais, di moy, quelle fureur
Vint enfieller ta douceur,
Quand, lisant l'amour divine
De Baïf et de Méline,
Quand, lisant le doux plaisir
Qui les vient tous deux saisir
En la meslée amoureuse

De leur flâme doucereuse,
Mais quelle fureur, hélas!
Te surprit, quand tu brulas
Dans les flâmes devorantes
Ces Amours tant innocentes,
Ces Amours qui seulement
Parlent si doucettement
De la douçaigrette flâme
Qui les jeunes cueurs enflâme?
Comment? y avois-tu leu,
Pour les mettre ainsi au feu,
Quelque parole heretique
De la secte Lutherique?
Hé dieux! ell' ne sentent rien
Rien moins qu'un Lutherien.
Y avois-tu leu, cruelle,
Quelque invention nouvelle
De feindre une trahison,
De brasser une poison?
D'user d'horrible vengeance
Contre la simple innocence?
De souiller ses fieres mains
Au sang des chetifz humains,
Ou quelque fait execrable
D'autre vice abominable?

Hé dieux! il n'y ha rien moins,
Et j'en appelle à tesmoins
Les baisers de sa Méline,
De sa Méline beline,
Qui si tendrement mignardz,
Si mollement fretillardz,
Cent mille doux feux attisent
Aux amoureux qui les lisent.
Comment donq les as-tu peu
Jetter ainsi dans le feu?
Pensoys-tu bien cette flâme
Qui mesme la flâme enflâme,
Pensoys-tu ce feu d'aymer
Par autre feu consumer?
Ce n'est pas ainsi, pauvrette,
Pauvre simple femmelette,
Qu'on se venge du brandon
Que nous darde Cupidon.
Ce n'est ainsi qu'on repousse
La chatouillante secousse
Dont cet enfant nous abat
Dessoubz l'amoureux combat.
Ne crains-tu point, Damoyselle,
Que de sa fleche cruelle
Il ne te blesse à la mort,

Pour luy avoir fait ce tort,
Quand, blasphemant sa puissance
Et sa divine excellance,
Tu as au feu consumé
Son poëte plus aymé?

AUX MUSES,

LES CONVIANT EN SON PAÏS DU MEINE.

Venez, mes folâtres Deesses,
Venez, mes petites maitresses,
Laissez, belles, pour quelque temps,
Voz trop vulgaires passetemps,
Venez donq œillader, de grace,
En ma terre un autre Parnasse,
L'écart des ruisseaux et desertz,
L'abry des antres bas-ouvertz.
Mignardes, prendrez-vous la peine
De venir voir en nostre Meine
Dix mille et dix mille autres lieux,
Qui plairont trop plus à voz yeux
Que vos terres de Béotide,
Ou le double orgueil de Phocide?
Je ne veux pas vous inviter
Pour venir icy visiter

Les parementz des frontispices
Des plus superbes edifices :
Je sçay bien, Muses, je sçay bien
Que cela ne vous plaist en rien ;
Mais je me vante, mes Pucelles,
Encontre les chaleurs cruelles,
D'un Zephire refraichissant
Mollement dans le sein glissant,
Et, par maint beau canton rustique,
D'un air flaté de la musique,
Que font jà les chants douceletz
Des plus mignardins oiseletz ;
De plaisantes tapisseries
Par maintes mollettes prairies,
De mille ruisselets tremblardz
Dont les rivages petillardz
Vont donnant le frais aux Deesses
Qui vaguent aux foretz épesses :
Mesmes s'il vous plaist quelquefoys,
A la Diane par ces boys
Avoir le plaisir de la chasse,
Soit avec le ret qui enlasse
Dedans ses cordelez liens,
Ou bien à la course des chiens,
Vous trouverez mille Nymphettes

Qui l'arc au poing et les sagettes,
Les crins éparz dessus le front,
Partout vous accompagneront.
Ça donc, mes folastres Deesses,
Ça donc, mes petites maitresses,
Troussez plus menu vostre pas,
Je vous appreste mille esbaz,
Mille plaisirs et mille dances,
En mille diverses plaisances.
O quel brave troupeau sçavant
Je voy desjà marcher avant
Pour faire un recueil honorable
A vostre bande venerable!
Voyez le Conte d'Alsinoys,
Tronchay, Clement, de Sainct-Francoys,
Au bord de ce prochain rivage
Vous bienviener d'un humble hommage.
Voyez, voyez d'autre costé
Vostre plus grand mignon Gatté,
Qui gaste en vostre erreur si douce
Les divins accordz de son pouce :
Voyez, mignardes, quel honneur
Ilz font tous à vostre grandeur!
Voyez donc quelle reverance
Ilz portent à vostre excellance!

*Voyez Trouillart, voyez Neveu,
Et Taron, qui dressent un vœu,
Un vœu, duquel d'age en autre age
Nos neveux feront tesmoignage,
Et qui vrayment vous ravira
D'un son divin qui rebruyra.
Vrayment si docte compagnie
Merite bien qu'on ne luy nie
Les secretz plus delicieux
Enfermez dans le sein des Dieux.
Voyez ce beau lict de fleurettes,
Voyez ces courtines proprettes,
Qu'avec la Vayrie et Hoyau,
Mon frere vostre Tahureau
A part vous dresse, dans l'ombrage
De ce fueillu sonnant bocage :
Là, quelque peu pour mieux chanter,
Passant, vous irez alenter
Au frais de ceste eau murmurante
Vostre poitrine soupirante :
Ce pendant de maint instrument
Accordant aux voix doucement,
Bordans d'un rond ceste fontaine
Nous charmerons la douce peine
Qu'avez prise pour venir voyr*

*Le plaisir de ce beau manoyr,
Beau manoir, lequel je me vante
Arroser de vostre eau sçavante
Pour luy faire porter le fruict
Tesmoing d'un si heureux déduyt.
Par vous, mes folâtres Deesses,
Par vous, mes petites maistresses,
Me dérobant dedans les boys,
Jusqu'à l'esgal du Vandomoys,
Aux doux fredons de ma guiterre
Je feray parler de ma terre,
Où désormais maint estranger
Par vous se voudra bien ranger.
Comment, mes folâtres deesses,
Comment, mes pettites maistresses,
Vostre Parnasse est-il plus beau ?
Avez-vous bien un tel ruisseau ?
Le ruisseau Chevalin qui baigne
Vostre Béotide montaigne
D'un roule argentin esclercy,
Est-il plus beau que cettuy-cy ?
Avez-vous si belles fontaines ?
Avez-vous bien de telles plaines ?
Le chastel rustiquement creux
De vostre Corice pierreux,*

Vous peut-il plaire davantage
Que cet antre moussu sauvage?
Mais il est ores, il est temps
De prendre un autre passe-temps :
Ça, ça, Mignardes, à la dance,
Suyvons main à main la cadance,
De ce luc accordant au son
De l'armonieuse chanson,
Dont l'immortelle Caliope
Ravist desjà toute la trope.
Vrayment je ne sçauroy celer,
En vous voyant, l'étinceler
De vos œillades flamboyantes,
Et moins les ondettes ployantes
De ce blanc crespe voletant
Epars sus vostre corps flottant :
Lors qu'une roüante halenée
De vent là dedans entonnée
Découvre par foys à noz yeux
Un sein qui flateroit les Dieux.
Tairay-je bien l'entrelaçeure
De ceste belle cheveleure,
Qui de mille tortis dorez
Si gayement entr'egarez
Enserre dans ses cordelettes

Le plus doux de noz amourettes ?
Vous n'avez rien que de parfait
Avecques vous, soit de l'attrait
Qui peut de beautez doucereuses
Darder les flammes amoureuses,
Soyt d'une sçavante grandeur,
Nous la trouvons en vostre cœur.
Ça donc, mes folâtres Deesses,
Ça donc, mes petites maistresses,
Inspirez quelque chant nouveau
A vostre juré Tahureau,
Dont à l'avenir il flechisse,
Dont plus heureux il amolisse
De sa maistresse les rigueurs,
Qui d'un orage de langueurs,
Fiere sans cesse, luy tempeste
Le cueur, les poumons et la teste.
Ce n'est pas moy qui, blasphemant,
Ira contre vous animant
Un vers envenimé d'audace,
Pour fouler vostre sainte race,
Ne qui comblera de malheurs
Les prestres saintz de voz honneurs :
Mais qui d'une chanson plus digne
Dira vostre grandeur divine,

*Et qui d'un écrit doucereux
Dira de combien est heureux
Qui peut esprouver la largesse
De Vostre immortelle richesse.
Ainsi m'enseignant en voz artz,
Maugré ces indoctes langarz,
Ainsi, mes folâtres Deesses,
Ainsi, mes petites maitresses,
A jamais puissiez-vous icy
Demeurer vuydes de soucy!*

NOTES

Page 4, l. 15. — *Recueil*. Ce mot a changé de signification ; il voulait dire : *accueil*.

P. 8. — Je n'ai pas retrouvé ce sonnet dans les œuvres de Baïf.

P. 13, v. 20. — Au lieu de *Leveroit* on lit *s'enfleroit* dans les éditions posthumes.

P. 15, v. 19. — Ces *Polices* sont les ordonnances de 1547, au sujet des meurtres qui ensanglantaient la France.

P. 16, v. 8. — Allusion à la prise de Calais par le duc François de Guise et à la défense de Metz contre Charles-Quint, en 1553.

P. 19, v. 15. — *Hinne* pour *hymne*.

P. 26, v. 21. — *Qui anjourne nostre veue* : Qui donne le jour à nos yeux.

P. 28, v. 21. — Marguerite, en présence de Henri II, avait défendu Ronsard, dont les vers étaient tournés en ridicule par Meslin de Saint-Gelays

P. 29, l. 8. — Les enfants de France étaient : François II, Louis, duc d'Orléans, mort en 1550, Charles IX, Henri III ; — François, duc d'Alençon, naquit en 1554.

P. 49 - 4. — *Exemple* ne rime point avec *Ensemble*.

P. 49 - 10. — *Hain;* hameçon. Ce mot est encore usité dans le centre de la France, l'H n'est point aspirée.

P. 50-15. — *L'écrivain Aonien :* Pindare, né à Thèbes en Béotie, dont l'Aonie est une province.

P. 57-19.—Au lieu de *monstrant desjà*, les éditions posthumes portent : *monstrant tes grandes vertus*.

P. 59-14.— Les mêmes, au lieu de : *Emousser, reboucher*.

P. 60-19.—*Empanner* ou empenner : donner des ailes à.

P. 60-22. — *Isnel :* rapide, actif. Mot regrettable que le dictionnaire de Trévoux a été l'un des derniers à enregistrer.

P. 67-3. — Ce chapeau précieux est le chapeau de cardinal. — Le vœu du poëte ne fut pas exaucé.

P. 71, v. 2. — La phrase est fort peu claire. *Celle* se rapporte à *chose* et signifie que le poëte ne voudra que les choses de grand prix.

P. 73. — Je n'ai pas vu dans les poésies de Bèze l'épigramme sur Rabelais.

P. 85, v. 20. — *Et toy, belle Deesse*, etc. Guill. Colletet dit, en la vie de Tahureau, que ce portrait de Vénus l'avait ravi et qu'il le savait par cœur.

P. 88, v. 21.— *Cottissans*, frappant fortement. En Berry on dit encore *cottir* pour *meurtrir*.

P. 89, v. 2. — *Orendroit :* maintenant.

P. 107. — Ces mots : *Io, le Délien est né* sont l'anagramme d'*Estienne Jodelle*.

P. 123, v. 10.—*Hélas! qu'on ne me trouve ainsi...* Tournure un peu forcée, pour dire : *Que ne me trouve-t-on ainsi...*

P. 124-6. — Zerbin et Isabelle sont des personnages du *Roland Furieux* de l'Arioste ; Achille et Briséïs sont assez connus par l'*Iliade ;* Pyrame et Thisbé par les *Métamorphoses* d'Ovide.

P. 131-14.—*Amadiser :* parler le langage affecté d'Amadis et des héros des romans de la Table ronde.

P. 139, v. 22. — *La Timonienne rage :* la colère qui enflammait Timon le Misanthrope.

P. 141, v. 5. — Lycambe, après avoir promis sa fille à Archiloque, la lui refusa ensuite. Archiloque, pour se venger, inventa le vers ïambique et écrivit contre Lycambe de si cruelles satires que celui-ci se pendit de désespoir.

NOTES.

P. 146, v. 17.—Imitation du début de la VIIIe satire de Juvénal :

*Stemmata quid faciunt? Quid prodest, Pontice, longo
Sanguine censeri*, etc.

P. 150, v. 9.— Les XIe et XIIe livres de l'Iliade, traduits par Hugues Salel, furent publiés, après sa mort, par le poëte Olivier de Magny, son disciple et ami.

P. 156, v. 8. — Saint-Gelays a écrit quelques vers piquants contre un Rousseau. Catulle a fait aussi une épigramme *in Rufum*.

*Noli admirari quare tibi fœmina nulla,
Rufe, velit tenerum supposuisse femur*, etc.

P. 158, v. 12. — Le mot *tente* signifie ici *mentula*.

P. 161, v. 1. — *Brusque* avait alors le sens de : *vif, allègre*.

P. 163. — Voici le sonnet à cause duquel fut brûlé le livre en question. Il se trouve fol. 44 verso des *Amours* de J. A. de Baïf. Paris, Lucas Breyer, 1573, in-8º :

> O doux plaisir plein de doux pensement,
>   Quand la douceur de la douce meslee
>   Estreint et joint l'âme en l'âme meslée,
>   Le corps au corps d'un mol embrasement !
> O douce vie ! ô doux trespassement !
>   Mon âme alors de grand'joye troublée
>   De moy dans toy cherche d'aller d'emblée,
>   Puis haut, puis bas, s'escoulant doucement,
> Quand nous ardants, Meline, d'amour forte,
>   Moy d'estre en toy, toy d'en toy tout me prendre,
>   Par cela mien qui dans toy entre plus,
> Tu la reçois me laissant masse morte :
>   Puis vient ta bouche en ma bouche la rendre
>   Me ranimant tous mes membres perclus.

TABLE

	Pages.
Lettre à Théodore de Banville	III
Notes biographiques sur les personnages nommés dans les poésies de Tahureau	XVII
LES PREMIÈRES POÉSIES DE JAQUES TAHUREAU, *Poitiers*, 1554	1
A Monseigneur le reverendissime cardinal de Guyse	3
Aux lecteurs	7
Jan Antoine de Baïf, sur les premières poésies de Jaques Tahureau	8
Au Roy	9
A Madame Marguerite	17
A Messieurs les enfants de France	29
Sonnet à eux-mesmes	34
Avant-Mariage de Madame Marie, reine d'Ecosse (sonnet)	35
A Monseigneur le reverendissime cardinal de Guyse, Loys de Lorraine	36
A Monseigneur de La Roche du Maine Tiercelin, Charles Tiercelin	40

Aux trois filz de Monsieur de La Roche du Maine Tiercelin	48
A Monsieur Tiercelin, abbé d'Hermieres et conseiller en la court de parlement à Paris.	59
A Monseigneur l'Evesque de Terbes, Antoine d'Achon	62
Contre quelques-uns qui le blamoyent de suyvre la poësie.	68
Contre eux-mesmes	72
Contre les Calumniateurs.	72
Contre un Camus, importun calumniateur des écriz d'autruy.	72
De Rabelays, pris du latin de Beze.	73
De luy-mesme trespassé	73
D'un livre assés plain de beaux moz, mais vuide de grandes inventions.	74
De B. Tiercelin, abbé des Chasteliers	74
A Mademoiselle Ysabeau d'Auteville	75
A P. de Ronsard	76
A luy-mesmes.	78
A Pierre de Pascal, et aux Dieux, en sa faveur.	79
A Monsieur de Saingelays	92
De Cl. de Bauffremont, nepveu de Monseigneur le cardinal de Givry	96
A N. de Chaumont.	97
A Jan Antoine de Baïf	100
A Jan de la Peruse, premier tragiq de la France.	104
A Estienne Jodelle, se jouant sus son nom retourné.	107
A Antoine Renaut, de Travarzay.	109
Sonnet à luy-mesme	112
A Jan Taron	113

TABLE.

A Jaques de Coyttier, gentilhomme parisien, seigneur d'Aulnay. De l'honneste liberté d'un poëte. ... 117

De l'Heur que reçoivent ceux qui meurent entre les braz de leur dame. ... 123

A Jaques Hoyau, seigneur de Beau-Chesne, contre les foux desirs des hommes ... 125

L'Amour champestre. A Guillaume Bouchet, Poitevin ... 128

Contre la Jalousie ... 133

A Gilles L'Huillier, seigneur d'Urcynes ... 135

A. G. de Gennes, son fidelle amy ... 138

Contre un pernicieux detracteur, homme méchant et abandonné à tout vice. ... 141

A Jacques de Saint Françoys, gentilhomme du Meine, seigneur de l'Aunay ... 146

*Sonnet. A Hierosme de la Vayrie, gentilhomme du Meine, seigneur de la Vaudelle ... 149

Sonnet. A Salel Trespassé, sus ses xi et xii de l'Iliade d'Homere, mis en lumiere après sa mort ... 150

De Janette, tres belle fille et rusée paillarde.. ... 152

A Nerée. ... 154

D'Elle-mesme. ... 155

A un Amoureux importun ... 155

A un Rousseau ... 156

A Luy-mesme ... 157

De Denys ... 158

De Luy-mesme ... 158

A Quelques unes qui avoyent médit de luy ... 159

A Elles-mesmes ... 159

De Denise. ... 160

Contre l'Envieux ... 161

A quelque Amoureux recompensé de ses services. . 162
A un poete presumptueux 162
A une Damoyselle qui brulla les amours de J. A. de
    Baïf, pour le Sonnet : *O doux plaisir,* etc 163
Aux Muses, les conviant en son païs du Meine. . . 167
Notes 175

Imprimé par D. JOUAUST

POUR LA COLLECTION

DU CABINET DU BIBLIOPHILE

JUIN 1870